为求通而学
为思维而教

李 峻 ● 著

復旦大學出版社

序
XU

在疫情严重的 2020 年,台湾东吴大学历史系林慈淑教授向我惠赠了她主持翻译和新写就的一些关于历史教育的最新研究成果,翻检阅读之中,便会发现学界都会关注到"挑战"这一主题。例如美国著名历史教育学家山姆·温伯格在《历史思考大未来:勾勒历史教学的蓝图》一书的第三篇中使用了这样一个非常醒目的标题:历史对教师的挑战。台湾东吴大学林慈淑教授也曾撰文提到历史教学所面临的挑战;台湾建国中学历史教师庄德仁撰文概括了目前中学历史教师将面临的三大挑战:需要改变独自备课的习惯,教师要有编写历史阅读素养教材的课程设计能力,以及历史学科在跨学科架构下,可能沦为资料库的窘境。的确,在当下这一全球转型的"大变局"之际,历史教师如何进行历史教学,似乎"挑战"和"应战"已经成为了历史教育界,特别是历史教师的共识。

如果仔细探究,可以发现对这一挑战的内容有着不同的解说和概括,在我看来,以下几点似乎比较重要,这里略微加以陈述。

第一,重思历史的建构过程,回答历史是如何演化以及成为今日这种历史。这里有两重含义,一是在历史教学中,更为注重历史的演化过程,思考"历史性";二为思考历史如何被建构呈现出现有的样式而被我们所接受,从而重构起新的历史样式和形态。

目前,学术界日益重视对历史呈现方式的研究,就历史教育而言,最为基本的历史呈现方式就是我们现有的教材,在承认教材的主导性地位的同时,我们也需要认识到,要对现有的历史呈现方式进行超越性反思,而非被其牵着鼻子走,唯本本至上,唯教材至上,不敢越雷池一步。平心而论,教材只是整个教学过程中的一个环节,是编写者对历史的一种解释与编排方式,可以说,任何一种教材只是一种理解历史的方式,它只是体现编写者自身理解历史的一种路径,一种视野,一种思考方式,只是人们所建构起来的一种文本。因此,要将教材视作一种建构的文本,而非固定的历史结构和历史自身。如果说我们强调要培养学生的思维能力,特别是批判性思维能力的话,也就需要重新思考包括教材在内的历史建构过程与结果,正是通过这一路径,我们才能思考历史的特性,培养其历史性的思维方式,并重建起一种新的"历史世界"。

从这一视角出发,必须改变对教材为唯一性的屈从,不能只是紧紧围绕教材和应对高考来进行教学,也无须用史料来证明教材的观点是对还是错,不断重复地演绎教材给出的既有结论,成为教材观点的发挥和注解,而是要思考教材这一"文本"是如何被建构,其包含着什么样的历史素养要求与历史能力的诉求,引导学生进入解构历史与重建历史的过程。也就是说,我们要引领学生进入历史的语境,利用自己所积累起来的历史知识,根据历史的资料找寻到自己的维度,写出自己独有的论证过程。这样,老师要鼓励学生独立思考与大胆想象,而非围绕着教材死记硬背,将教材作为至高无上的标准强压给学生,使其有高山压顶之感。因此,我们现在要做一个反叛者与解构者,要从迷信教材转向重构教材,当然重构教材本身不是目的,而是在反思性重构中实现对历史过程的重思和重建,引导学生进入历史演化的进程,从而提升自己的多维的思考能力。

实现这一教学转换,显然仅仅记忆知识的点就并不那么重要了,而是要帮助学生建立起知识的系统性,以及解析隐藏在这些基本知识点后面的含义,由此建立起对历史的理解。例如涉及时间和空间的知识性内容,不是仅仅记住了1789、1949这样的年份,而是一想到这个年代,就自然知晓这个时间点后面所蕴含的意义。那些"空间"概念也是如此,例如"西方""欧洲""上海"等都不再仅是地理上的空间概念,也不是孤立的空间,有着单一属性的固定的结构,而是多重内容组合而成的一种关系,成为独特的历史概念,甚至还会带有"意识形态"的印痕,其意义的形成和变迁自然也就体现了历史演进的某种向度与价值。同样,在历史教学中,我们需要史料,并且将此视为历史的证据,从而编织起某一主题的历史。但站在重建历史进程的立场来看,我们就需要把史料也看作为"文本",思考这一文本的产生,将其放在历史语境中来理解和阐释。也就是说,史料不仅仅应当被动地成为历史主题的资料与证据,更需要用文本阐释的方式来解读这些材料,从中解析出其意义与价值。这样的内容还有很多,在此无须一一列举。只是说,一旦我们转换了立场与视角,就会带来教学内容的变革,并能走出一条更富有"历史性"的教学之路。

第二,历史教育模式的转换,确立起以学习为中心的历史教育方式,改变以教师为主导性地位的教学模式,重建教学课堂空间。

以往,我们在教学中和课堂上总是强调教师的主导性地位,是作为知识的输出者这一"霸权"地位占据着课堂的中心,俨然以学术权威自居,居高临下地向学生灌输知识。现在,我们要进行调整与转换,教师要和学生形成一种平等和包容性的关系。认识并确立起这一原则,课堂的空间就是一种思想与知识的流动,每次上课,也就是不同代际者之间的对话,而非我们自己的独白。我们和学生一道都会以各自的知识累积、思考问题的视角,甚至其生活经验来参与课堂,建构起"课堂"。正是在这一对话中,不仅收获的是学业的进步,也更能体会到平等与自由这一现代文明的特性。从教师自身的视角来说,我们需要转变身份和角色定位,要让学生成为主体,发挥学生作为能动者的角色定位,因为,教师的使命和职责就是培养学生,只有让学生受到现代文明的熏陶和培养、思考历史的价值取向、习得历史性思维,才能在今后社会实践中更好地建构历史,创造出属于他们自身的历史和走上现代文明之路。

第三,面对经济全球化,亟需转换历史思维方式,改变我们思考历史的方式。

我曾经在一篇文章中这样写道:我们今天急切需要理解相互连结的经济全球化的历史运动,思考这一复杂的历史演进;在更为宏观的层面上说,需要告诉学生,我们将要建设起一个什么样的"全球",我们能够构建起一个什么样的世界未来?我觉得这是我们必须面对的一个基本问题,也是实现历史教育有效性的一个核心问题。也就是说,我们现今需要在全球史的视角下来理解历史的演进,思考历史教育的旨向。

在此,我想对这一话题稍作补充。目前全球史正成为学界研究的一个热点,也出版了众多的学术成果,我们需要将这些新颖独到的研究成果引入到历史教育的课堂,这样做的好处显而易见。如果将全球史作为历史教育的有机组成,可以扩展与丰富我们的教学内容,使学生获得更为广阔的视野,思考在全球化过程中,人们如何形塑了"全球",并在塑造"全球"中又如何塑造了自身。以我们身处的上海为例,以往在讲解上海近代史时,大都从租界出发来思考上海的现代化进程,如果从全球史视角,我们则应该将上海视作全球化网络中的一个节点,她包括着港口和海洋等空间形态。因此,在教学内容上,现在应该在空间上推衍到海洋。上海的对外交往在经济全球化进程中就包括着海洋的交往,这一交流与互动也不仅仅是商品贸易的交换,而且还包含着一系列国际规范与规则的认知,这些也都深刻地影响与塑造了上海的文明特性。因此,上海现代文明特性的形成不仅来自于陆地的租界这一空间,还包括着海洋这一更大的全球性交往空间。另外一点,对于我们而言,全球史不再只是更新了历史教育的内容,更为重要的是,它也将会给我们带来思维方式的变革,使得我们在教学中能够转换学生思考问题的方式,提升学生的思维能力。如果对比一下全球史研究对一些要素的强调,就会立刻可以明晓。全球史强调流动与迁移,而非结构与秩序;关注联结纠缠,不再是过去的那种区隔孤立;考察空间性的网状与节点,从而改变了过去所强调的孤立与界限;并用多样性、共时性和复合叠加解构与丰富了以往的同质性与历时性的那种线性时间。

简略列举出上述这些挑战性的内容,只是希冀表达这一基本想法,未来的历史教育如何行进发展,取决于我们如何应对这些挑战,调动什么样的资源来规划未来。我相信,上海的历史教育非常值得期待。因为一个不容忽视的事实是,上海的历史教育在过去若干年来一直走在全国历史教育的前列,也以锐意开拓、改革创新而闻名于历史教育界。究其原因,一个重要的因素就是在历史教育一线有着一批视野开阔与勤勉努力的优秀教师。而在这个群体中,李峻老师就是其中的典型代表。

寒假中,得知李峻老师要出版自己的论文集,欣喜之余,也认真阅读了近年来她所撰写的这些文章。如果要用一个很简短的词语来概括其所体现出来的教育理念,以及这些年来她所进行的教学改革试验,我觉得用"忠诚与反叛"较为贴切。这个词语是日本著名思想史家丸山正男论文集的书名,在此借用这个书名来概括李峻老师的历史教育理念也颇为恰当。因为对历史教育和学生,她倾注着热爱和热情,忠诚于人才培养;在教学理念上,她又锐意进取，反叛旧习，打破成规，改革创新，不断取得骄人的业绩，展现其优秀的品质。

在未来的历史教育中，如何应对种种挑战，我想如果我们都能秉承着"忠诚与反叛"的理念，涌现出更多李峻式的优秀教师，那么我们将不仅从容不迫，应对有方，而且还会开拓创新，不断推进历史教育的前行，将学生培养得更为出色。

是为序。

李宏图

2022 年 2 月 12 日

目 录
MU LU

第一章　教育不是把篮子填满而是把灯点亮　　1

基于历史阅读的批判性思维能力培养　　3
主题阅读与写作，构筑历史教学新视角　　23
聚焦学生判断力培养的高中历史教学探究　　36
聚焦判断力的高中历史教学评估研究　　40
培养高中生判断力的教学思考与实施抓手　　54
在历史语境中培养高中生判断力的实践探究　　62
凸显"判断力"养成的高中历史语境建设　　76

第二章　教育大计　教师为本　　83

幸福，因学生帮你锁住爱的记忆　　85
青年教师的成长是对话与修炼的过程　　91
让教师获得自我价值提升的幸福感　　96
微平台、深交流、广分享
　　——教师跨国跨专业培训模式的案例分析　　100
读写共进　合作共赢　　106
提升国际课程任课教师个人素养的路径探究　　108
以品牌课程促进教师的全方位发展　　114

第三章　提升历史学科的育人价值　　119

历史教学中的家国情怀教育　　121
将学生的课堂疑问变成历史德育的生成点　　130

挖掘隐性德育素材　提升历史德育内涵
　　——以纳粹屠杀犹太民族的教学为案例　　135
一溪初入千花明
　　——历史教学中人文价值观的渗透　　142
在品读唐诗中提高历史思维能力　　147
说诗论史
　　——在史学方法中感受唐诗的魅力　　154

第四章　追求卓越，从每堂课开始　　161

追求卓越，从每堂课开始　　163
上好历史课，不只是教学问题　　176
关于历史细节运用于教学的思考　　182
浅议初高中教学目标的衔接和分解
　　——以"中华人民共和国成立及向社会主义过渡"
　　一课为例　　188
主题式跨单元教学在高中历史教学中的尝试
　　——以聚焦判断力培养为目标的案例分析　　193
线上教育的实践心得和提升策略　　204
线上教学如何赋能线下教学？　　214

第五章　科研探索　助力成长　　219

《高中历史主题式教学的实践研究》成果报告　　221
《核心素养视域下的历史学科判断力培养》成果报告　　240
指向语境还原的高中历史阅读教学的实践探究　　252
"三为"为本　"三力"为要
　　——我的为师之道　　266

后记　　277

第一章

教育不是把篮子填满 而是把灯点亮

"教育的本质,不是把篮子装满,而是把灯点亮。"这是一句来自西方的谚语。它强调教育的本质不是知识输出,把知识灌满受教育者的大脑即可,而是应通过教育鼓励和激发受教育者的灵魂和心智。换言之,就是要用教育去开发受教育者内蕴的动能,提升他们的素养和能力。受教育者的素养和能力包含的范围很广,中学教育怎么去提升学生的素养和能力是许多教师关注的问题。本章收录的文章分别从中学历史学科教育对学生的思维、阅读、判断三方面素养和能力的提高进行了阐述。

基于历史阅读的批判性思维能力培养

引 子

2017年7月,在"学科素养与历史教学"全国学术研讨会上,有教师围绕"学科素养与学生学习"的主题提出"如何在教学中培养学生的批判性思维能力"这一问题。这是一个很有价值和意义的话题,不仅历史学科在谈批判性思维能力的培养,语文、政治等其他学科也在谈批判性思维能力的培养。那么,什么是批判性思维能力,历史学科的批判性思维能力的具体表征和培养路径、方法有哪些?笔者和同事将近年来在培养学生批判性思维能力方面的实践感悟拟成文字,望能抛砖引玉。

关于批判性思维,一般认为,"批判性思维有两个维度:批判性思维能力和批判性思维倾向(或气质)。前者主要包括解释、分析、评估、推论、说明、自校准六种基本能力,后者则是以质疑、问为什么以及勇敢且公正地去寻找每个可能问题的最佳答案的一贯性态度为特征"①。

---

① 武宏志、周建武主编:《批判性思维——论证逻辑视角》(修订版),中国人民大学出版社2010年版,第3页。

而历史思维是"指运用马克思主义唯物史观从历史视野和发展规律中思考分析问题、把握前进方向、指导现实工作的科学思维。"①历史思维能力包括时序思维能力、历史理解能力、历史分析与历史解释能力、历史研究能力、分析历史问题并做出决策的能力②。因此,从批判性思维能力和历史思维能力的表征来看,两者似乎有较大的相似性,但从本质上看,批判性思维不等于历史思维,批判性思维对于"历史思维的科学性、专业性具有修正、扩展的功用"③。但如果聚焦于历史思维的理解、分析、解释等指标性能力,那么,"如何培养学生的历史思维能力"与"如何培养历史学科的批判性思维能力"就有着很强的趋同性,甚至可以说,两个问题殊途同归。

正如赵亚夫先生所说,批判性思维决定历史教学的质量。那么究竟"如何培养学科的批判性思维能力"呢？其实,高中生已经具备批判性思维的意识,但他们的思维短板在于,不知道怎样去获得可信的信息来支持自己的判断,也不是很清楚地知道如何清晰地、逻辑地分析和论证一个观点。对此,教师自身首先要对批判性思维能力的培养有科学认识,掌握一定的方法和技能,有意识培养学生的批判性思维能力。首先,应该科学认识"批判性"的含义。所谓的"批判性",并非一定否定现有观点或者结论,而是在科学推论和充分论据基础上对现有观点或者结论进行质疑和判断、否定或褒扬、去误和完善。其次,应该明确思维能力的发展与提升不仅需要相应的知识储备和逻辑推理做支撑,还需要恰当的方法、路径来引导。其中,

---

① 陈杏年:《培育科学思维 促进能力提升——深入学习贯彻习近平总书记系列重要讲话精神》,《党建》2016年第9期。
② 周仕德、李稚勇:《美国中小学历史教育培养学生能力问题研究及启示》,《外国中小学教育》2013年第2期。
③ 赵亚夫:《批判性思维决定历史教学的质量》,《课程·教材·教法》2013年第2期。

开展以长文本为主的历史阅读不失为一种有效的方法和路径。

长文本阅读是相对碎片化的短文本阅读而言，往往以一本名著或者名著的经典篇章为阅读对象，是结合教材内容和课标要求进行的有目标性的历史阅读。从 2012 年 9 月开始，笔者所在学校进行了历史阅读课程的课堂实践，逐步形成了"主题—阅读—探究—表达"的"主题阅读教学"模式。在基础课堂上，教师采用了单元主题阅读的学习方式，即围绕教材的单元主题，选择一本或者两本相关主题的历史名著进行阅读指导，以加深对这段历史的理解；在拓展课堂上，形成合作主题阅读的学习方式，即基于一个阅读主题开设不同阅读载体的阅读课程，或者开设同一阅读载体的不同内容的阅读课程。这种"主题阅读教学"旨在围绕历史主题的文本阅读，通过"学进去、讲出来"来展示学生的历史思维过程，培养学生的史料实证、历史理解和历史解释的核心素养，体现批判性思维的养成过程。在"主题阅读教学"中，教师体现了沉浸、对话、互动、体验的新时期课程的灵性，将学生的史学认知生成、思维变化轨迹体现于过程和方法中，从而彰显学史重法、论史求通的学科特色，为历史学科课程改革提供路径和实例。而学生在历史阅读中也激发了阅读长文本的兴趣，逐步具有历史思维和批判性思维能力，内省力产生了"细微变化"。

案例一
基于主题阅读的一手史料择选标准

史料是认识历史、研究历史的基础，一手史料作为时代记忆的遗存更是跨越时空、触及过往、无限接近历史真相的最佳助力。不同于转手史料的二次加工，一手史料保留着当时当事最天然的状态,阅读、理解一手史料,减少"中间商"的"干扰"与"创作",更利于学生对历史的认知与批判思考。可是史料如海浩瀚,学生初执舟舵,如果无以引导将难觅方向。因此,在进行延伸拓展的主题阅读时,确定择选相应一手史料的标准,可以提升阅读与研究的效度。

择选一手史料要注重史料的典型性。典型史料可以提高主题阅读的效率,在有限阅读精力下,获得更多有效信息,所以典型史料应当是优先择选阅读的对象。典型性包含两个标准,一则史料的来源是在同时期同类型史料中具有代表性,或具有象征意义,或具有一定不可替代性;二则史料的主体与阅读主题应保持一致,即史料的记述主体与阅读主题息息相关,而非简单有所关联。以主题"改革开放"为例,以《邓小平文选》为基础的邓小平同志生平所著所述文献是推荐阅读的一手史料。邓小平对于改革开放的重要意义不言而喻,作为时任国家重要领导人、决策者之一,邓小平不仅仅是改革开放的亲历者,更是对改革开放进程带来直接影响的重要人物,其相关著作是最具典型性的,更能反映决策层的诸多状态与变化;但同时并非所有邓小平的所著所言都是阅读对象,而是选取与阅读主题最为相关的篇章,如《解放思想,实事求是,团结一致向前看》(一九七八年十二月十三日)、《社会主义也可以搞市场经济》(一九七九年十一月二十六日)等以改革开放为主要内容的文献,对改革开放的认知与理解更有帮助,对聚焦阅读主题则更为有效,如进一步阅读改革开放中的农村生产问题,则可以择选《关于农村政策问题》(一九八零年五月三十一日)等篇章,而对于经济特区的发展则可以阅读《办好经济特区,增加对外开放城市》(一九八四年二月二十四日)等。所以在择选阅读史料时,要首先明确与主题最相关的人、物、事件等信息,并对主题进行剖析结构获得关键词组,以期定位典型史料。

择选一手史料要关切史料的可证性。典型史料有其重要作用,但也有可能使学生进入"权威误区",最为典型的是重要人物的回忆录等一手史料,学生容易认为这里说的一定是"金科玉律",是"绝对可信""毋庸置疑"的。但事实上,在择选一手史料时,要对史料进行"求证"。受时代、环境等复杂原因的影响,个体的记忆并非绝对可靠,即便是群体记忆也会有同时"失忆"的状况出现,所以盲目全盘信任典型史料有潜在的弊端。而提高史料信度的最有效方式是多来源典型史料的内容交叉互证。仍以"改革开放"主题为例,研究邓小平关于"杀出一条血路"的说法,笔者既可以在习仲勋、任仲夷等人回忆录中看到他们对此的记忆,也可以在邓小平1979年4月中央工作会议上的讲话内容中看到,印证这一观点确实存在,同时,通过不同来源的材料比对,笔者仍可以发现一些细节:邓小平可能不止在一个场合阐述过相关观点,与习仲勋的私下对话和中央工作会议的表述有一定的不同,甚至由此可以体会"特区"之名由来并非"一拍脑袋",而可能"别有深意"。所以在择选阅读史料时,尽可能不要选取"孤证",而是多个材料对同一内容有"个性"表述且互证(所谓"个性",避免互证的材料内容实际引用或来源于一处),材料的来源视角若更为多元则愈佳。

　　择选一手史料要保证史料的多样性。多元的视角来源不仅可以使史料间"互证",还可以起到"互补"的作用。对于同一事件、事物、人物、政策等,由于立场、视角、情报掌握等因素不同,可能得到不同的理解与评价,甚至有相悖的结论得出,而这种"互补"恰恰是进行主题阅读以期实现对学生批判性思维培养的重要因素。所以择选史料时不可过于死板,给自己套上"枷锁",在一些方面要"灵活处理",才能激发出史料的"活性"。如"改革开放"主题下阅读农村生产体制改革相关内容时,《人民日报》对小岗村的报道易使学生感受农村改革成效显著、推行顺利、得到认可,毕竟《人民日报》作为官方媒体渠道具备典型性,但是若关注到这篇报道出自1994

年,而事实上小岗村"大包干"之前不久还有《中共中央关于加快农业发展若干问题的决定》规定"不许分田单干"与"不许包产到户",以及阅读小岗村民访谈所述万里视察完小岗村改革只与村民"口头协定"允许"再干五年",就可以体会到农村生产体制改革远不是想象中的那般顺利,而是充满艰辛、步步为营、小心谨慎。主题阅读作为拓展延伸阅读给予学生足够的自由空间,在阅读的深度、广度等方面进行提升,也可以打破从结论到过程的历史认识方式。史料的多样性使学生们所阅读的历史是"血肉之躯",而非只见所谓结论的"骨架",学生沿着多层次、多维度的史料认知历史,不听一家之言,可以在多样的观点中进行批判思考。但多样不代表数量的庞杂,依旧要遵循典型的标准,多样指的是类型的多样以及来源的多样,回忆录、报刊、文件、史书、碑帖等皆可。史料的阅读量要"精致",但"菜品"应丰富,主题阅读的阅读对象多元也是择选一手阅读史料的重要标准。

　　择选一手史料要巧用史料的"颠覆性"。进行拓展延伸的主题阅读有别于单纯的课堂教学,对于学生的自主性要求更高,学生参与阅读的兴趣与积极性将很大程度上影响主题阅读的实际效果,所以,择选的一手史料可读性也就非常重要。但一手史料往往没有加工,有效信息不凸显,学生若失去了阅读的信心与兴趣,就更谈不上史学素养能力的培养了。因此,在择选阅读的一手史料时,可在一定程度上尽可能选取"颠覆性"的史料。所谓"颠覆性",即指与学生成长以来长期形成的观点不一致甚至矛盾,或是与周遭生活息息相关又不甚了解的"既陌生又熟悉"的内容,这样,不仅可以提升学生的阅读兴趣,更可以提高学生自主思考、研究的动力。如在"改革开放"主题阅读中,对城市经济体制变化等内容进行拓展阅读时,可以提供一系列口述史(含日记)资料记述城市经济体制改革时期社会生活出现的新现象,其中邮政编码、身份证等事物的出现迅速抓住学生们的眼球,这些在如今社会生活中早已习以为常的物品的诞生,原来离现在所处的时代如此之近,同时,其伴随成长过程一直存在,学生只知"其用",不知"为何用"。这种"颠覆性"使学生开始批判思考,从意识到邮政编码是为了提高分拣信件效率、身份证是为了便于证明个体身份,到结合时代背景意识到这一变化的出现极有可能是因为人员在不断流动的结果,辅以其他数据的支撑可窥得更多城市经济体制改革背景下社会生活出现的变化特征。在主题阅读的框架下,学生的思维有导向,"有趣"的事物与"陌生"的历史有机地联系在一起。因此,为了提高主题阅读的效度,择选一手史料时应注意择选一定比例可以提升学生阅读、理解兴趣的内容。

进行一手史料为主的主题阅读,是能够培养史料实证、时空观念、历史解释等历史核心素养能力的重要途径,亦是训练学生历史批判性思维的重要手段。择选出合适的一手史料开展主题阅读才能提高阅读的效度,所以如何择选史料是重要的核心问题。尤其在史料教学愈加"流行"的时代,简单粗暴的史料堆砌、真伪不分的史料交杂、断章取义的史料加工都会将历史教学引向歧途。因此,必须在历史教学的合理需求中摸索史料择选的标准,标准也应在不断的实践中不断完善,这是历史阅读教学的起点也是基础,只有如此,才能在"历史"中看见历史。

——本案例由复旦大学附属中学栾思源提供

案例二
基于教材的批判性思维能力培养

提升历史学科核心素养有助于将学生培养成 21 世纪合格的

公民。笔者认为,历史学科核心素养应包含:基于史料的理解、分析、推论、评价,并在此基础上形成对历史的描述等方面,而这些方面都离不开批判性思维能力。笔者在基础课的教学中尝试历史主题阅读的教学模式,基于教材的泛读与精读去培养学生的批判性思维能力。

一、阅读课文,理解课本的观点

学生平时看课外书的时间比较少,看历史书的时间更少,我们通过测验等方式也发现,学生看书不仔细便会无法迅速把握课文的核心内容。因而完全有必要从指导学生阅读历史课文开始。首先要抓核心,一段文字中核心知点是什么,构成历史活动或历史事件的要素有哪些?通过这些问题的引导来提高学生阅读文本的效率。然而这只是基础,在能够快速把握核心的基础上,学生要能够做到基于史实提出自己的观点和理解课文的观点。

例如:第四分册"启蒙运动"最后的一段文字:"17—18世纪的欧洲启蒙思想家,从各个方面向封建势力发起猛烈冲击,传播进步思想,从根本上动摇了封建统治的思想基础,为即将到来的美、法等国的资产阶级革命提供了理论依据,进行了舆论动员,也为资本主义国家提供了系统的政治构想。"[①]这一段文字,如果在学生不太理解的情况下,无论是识记还是应用效果都不会太好。因此,笔者先让学生概括这段对启蒙运动的评价包含了几个分论点。很快,学生概括出"动摇封建统治的思想基础""为资产阶级革命提供理论依据,进行舆论动员""为资本主义国家提供系统的政治构想"这三个分论点。接着,笔者再让学生在课文中找寻能够支

---

① 《高中历史》第四分册,华东师范大学出版社2008年版,第25页。

撑每个分论点的史实。学生在带着问题阅读课文的过程中,很快理解,欧洲封建统治的思想基础即天主教的神学思想,启蒙思想家通过对宗教神学的抨击动摇封建统治的思想基础;启蒙思想家提出"天赋人权"的理论,为革命提供了理论依据和舆论动员;伏尔泰主张的"开明君主制"、孟德斯鸠提出的"三权分立"、卢梭推崇的"直接民主制的共和国",都是为资本主义国家勾画的蓝图。

这里提到的阅读课文并不仅是阅读教材的正文,也包括:课文的注释、文献选读、图片、课后的问题等。教师可以通过引导学生阅读课文中的图表、数据、图片等多重形式的信息,来培养学生图图、图文之间互证的能力,并进一步深化学生"论从史出,史由证来"的治史方法。例如:第三分册的"宋代科学技术"提到,活字印刷和火药武器的发明产生了"巨大的影响",但学生无法从课文中直接理解所谓巨大的影响是指什么?这时候课文中的文献选读就特别有价值,培根的一段话从文学、从战争的角度,很好地诠释了印刷术和火药武器带来的"巨大的影响"是什么。[1] 通过阅读课文既能加深理解课文的观点,又能深入浅出地示范从史实到观点的论证过程,从而有助于培养学生批判性思维,提升其历史学科核心素养。

二、精读课文,提出自己的观点

阅读课文,理解课文是培养学生批判性思维能力的基础,此外,学生应具备基于史实、通过自己的分析判断形成自己的评价与观点的能力。例如第一分册的"希腊古典文化"这一课,从史诗、文

---

[1]《高中历史》第三分册,华东师范大学出版社 2008 年版,第 18—19 页。

学、建筑、哲学、历史学这几个角度介绍了古代希腊文化的成果。若学生通过学习仅仅了解了这些文化成果,是很难记忆也缺乏对古代希腊文化的本质把握。因此不妨让学生在阅读课文的过程中进行特征的提炼。通过精读课文,学生发现《荷马史诗》中的神具备人形人性,情感丰富,会生气、会嫉妒,甚至还会攀比;古希腊建筑最典型的廊柱式建筑又分别象征着男性与女性;古希腊的哲学是为了探索人的本源;而古希腊的历史学更是"经过调查研究的纪事"[1],研究者是人,被记录的是人的活动。精读后,当教师提问,让学生概括古希腊文化的特征时,学生很容易在之前阅读收集的史料基础上,得到古希腊文化中"人"这个特质,并进而分析概括"人文主义"这一观点。这不仅让这节课形散神不散,学生在把握了古希腊文化最本质的特征后自然加深了对课文的记忆与理解;同时还进一步培养了学生能够基于史料加以分析,进而形成自己观点的批判性思维能力。

三、深读课文,感悟历史的时序

历史的时序思维并非简单地表现为对历史事件、历史人物时空的记忆,更重要的是能够从时代背景的角度去理解历史人物和历史事件。例如第二分册的"文献和考古中的夏文化"这一课,课文中寥寥数语将国家产生后的社会形态进行了描述,但学生往往会觉得空洞,也很难理解。因此,教师可利用孔子的《礼记·礼运》层层解析,从国家产生前后的经济制度("货力不为己"与"货力为己")、选官制度("选贤与能"与"大人世及以为礼")、赡养制度("不独亲其亲"与"各亲其亲")、统治制度("讲信修睦"与"礼仪以为

---

[1]《高中历史》第一分册,华东师范大学出版社2008年版,第32页。

纪")、土地制度("男有分,女有归"与"以立田里")、社会治安("外户而不闭"与"谋用是作,兵由此起")等方面进行比较。并提问:"从《礼记·礼运》来看,小康世不如大同世,是否可以认为历史出现了倒退?"进而引导学生思考:孔子所描绘的大同世是否完全真实?通过对这段材料的深读,让学生能从历史时代背景出发,理解孔子描绘的"大同之世"只是建立在生产力极为低下的基础上,也无法真正达到公平的禅让,更谈不上"鳏寡孤独皆有所养"[①];理解孔子对过往的追思更多是出于对春秋时期战乱频繁、社会动荡的现状的不满与反思。历史阅读要区别于语文课的阅读,不能仅停留在字面的解析,要让学生学会提炼材料中的信息,同时要学会文字材料与考古资料互相印证这一史学方法,让学生深刻理解国家产生前后的社会特征。

在基础课中通过历史阅读培养学生的批判思维能力,教师的示范作用很重要。为了提高阅读的有效性,笔者通过制作阅读提纲,增强学生阅读的条理性、逻辑性。针对学生写作时存在观点不明确、论述的逻辑性不足、缺乏思辨性等各种类型的问题,笔者采用列提纲的方法,锻炼学生的逻辑思维和史料筛选能力。到了交流和互评的环节中,针对学生的点评只能限于字句等浅层的内容,围绕整体观点、框架、逻辑等方面的思考较少的情况,笔者制作了表格,让学生从史实、逻辑、观点等角度入手,学会评价的几个重要方面。在示范的过程中,教师要注意引导,为学生提供进一步思考的空间,以防束缚学生的创造力和想象力。

——本案例由复旦大学附属中学王雯提供

[①]《高中历史》第二分册,华东师范大学出版社2008年版,第6页。

案例三
基于影视阅读的质疑、问题意识的培养

"电影是真的吗?"这是学生常常问我的一个问题,在信息爆炸、观点多元、文化多样的今天,我们如何阅读历史影视作品?教师曾开设选修课"电影中的二战",课程聚焦"战争中的犹太人"这个主题,从一个侧面还原"二战"复杂的历史,展现不同国家和民族对"二战"的认识差别。教学中,教师根据学生的学习情况,设计多维度的系列问题,引导学生多角度去认识、接触、思考,进而提升历史思维的含金量。

一、以史学的视野、视角和方法深入阅读历史影视作品

历史影视具有直观、形象的特征,其中蕴含的信息需要从历史的角度来解读,教师需要事先准备好"观影笔记"作为指导,引导学生带着问题去观看。比如,以《美丽人生》为例,在提供给学生的"观影笔记"中,通过问题的设置,示范引导如何阅读电影:影片中有哪些元素(镜头语言、艺术手法、叙事模式、演绎方式)让你留下深刻印象?影视作品反映了哪些直观与深层的内容及观点,是否具有典型性?影视作品中的历史哪些是你已经知道的内容,哪些是你不知道的内容,哪些是可以在你知道的基础上合理推测出来的?……以此启发学生思考影视与历史的关联。接着,教师通过向学生介绍"二战"时期的影片概况和艺术形态发展,引发进一步的思考:"电影可以作为研究历史的证据吗?"从而使学生由"信"转向"证"。

接下来的课堂教学中,教师根据教学内容的需要,有针对性地引导学生去"发现"那些与历史不相符的艺术虚构:"影片中的集中营情况是真实的吗?时代真实吗?人物真实吗?"引导学生运用所学知识理解、诠释历史现象。通过分析这些问题使学生由穷搜证据及穷追信度,开始逐渐转向"疑",进而提炼归纳出有价值的问题。

设疑是思维活动的逻辑起点,即培养学生的问题意识。"提出问题"使学生接受影视作品的观点时学会思考、勇于质疑;析疑作为思维活动的中心环节,是学生思维能力和创新意识培养的核心。即"如果可信,我们该如何证实,如果不可信,哪些是艺术加工及虚构的内容?"析的过程所解决的关键不是"知其然",而是"知其所以然"。"解决问题"让学生对于影片反映的历史事件或人物有更深入的了解,在交流讨论中找到解决问题的途径。

影视阅读中学生都是自由思考的个体,教师无法代替学生完成判断和思考的过程。每个观者都会思考一些自己认为是重要的问题,这与他的兴趣、习惯、心理等特点有关。于是分享与交流就成为影视阅读课程的重要组成部分,交流时的信息互动和互开脑洞是一件乐事。如以"《美丽人生》的褒与贬"为主题展开讨论交流活动,引导学生多层次、多角度思考问题:"①不同影视作品是如何描绘犹太人和集中营的?②电影对哪些内容进行了艺术加工?③本片共获得二十八项国际影坛大奖,赢得了一致好评,为什么大家都认可这样一部虚构的电影呢?④本片没有直接证史价值,但其引发了广泛的历史思考,开拓了更深入的讨论空间,是否有史学价值?"通过这些互动和交流,给学生多创造发言的机会,认真倾听他们的声音,肯定他们的发现与质疑,让他们自己去解决问题。讨论、整合过程中充满了矛盾和冲突,在彼此观点的碰撞中,学生发展了辩证思维能力,深化了对历史事物的认识。有学生最后发言时说道:"我还是比较欣赏导演的这种尝试,同样是反映'二战'中纳粹屠杀犹太人的历史事件,《辛德勒的名单》揭露了法西斯屠杀犹太人的罪行,展现人性的升华。而在《美丽人生》中,导演整合战争中的各种人与事,加以一定的想象与创作,以幽默的手法表现其对法西斯行径的蔑视与嘲讽,以'亲情、家庭和人生'为主题演绎战后的人生感悟,在看似'失事求似'的影视作品中'发展历史精神',这是在影片中够看到的'信度'与'效度'。"

影视作品"信度"的判断、分析与思考是学生学会质疑的开始,而更为重要的一步是在质疑、假设下,进行充分论证和客观的分析,在交流的过程中不断产生新的思考与判断,逐渐学会以史学的视野、视角和方法深入发现和解读历史影视作品中的可信且有效信息,理解影像背后的表达意图与内涵。学习过程中曾有学生感慨:"历史电影是否一定要完全真实?虚构的内容就要完全否定呢?"教师也顺势将问题提炼,从"信度"的问题过渡到"效度"的问题,要求大家思考:"在影视作品中虚构与真实影像有怎样的关系?"开放的话题又引来了学生更为深层的思考,学生L写道:"历史影视中可信的历史与虚构的历史可以互为补充,提供多种视角,以戏剧化的手法进行合理的加工与虚构,在故事化的叙事中表达创作者的理解与诉求,可以起到激发更多思考、开拓讨论的作用。"借助视听情境而衍生的问题与思考,有助于对过去建构解释性的理解,可以在多元解读中形成辩证的思考,从而提升思维能力和创新意识,促进历史的有效学习。

在课程进行过程中一次次小议论和大辩论,学生侃侃而谈,诸多观点既坦诚中肯,也真诚碰撞。通过在新问题面前的析疑、解疑,学生可以理解,影视作品绝非信史,影视作品编导的观点立场会影响到他对历史事件的描述,而电影的口碑和点评也是值得关注与解读的内容,这些都反映了影片在业界和大众心目中的接受度。教师在课程小结中就引用了学生们的观点和结论:"当下的二战电影主题日益多元,叙事视角呈现全面性和差异性,融入了大量新的内容。有战争中的苦难和畏惧,有战争中的负面记忆,有战争中的爱与希望,还有德国好人形象的塑造……这些恰恰从侧面反映出人们对'战争是由诸多因素促成,各国都应承担相应责任'观点的普遍认同。历史影视作品固然不能当作信史来看,但却可以反映一个或多个历史时期普遍存在的社会心态。"

课程结束时,教师以作业的形式开启新的思考,或是要求学生"对电影结尾进行二次创作,并说说改编的理由"。在影视剧本创作的过程中,以借助视听影像来记录历史,深化影视与历史融合互动,实现历史研究的新发展;又或是以二战电影之"犹太人"主题电影的发展历程,梳理影视作品的时代特点。作业的设计"强调融汇与贯通",通过历史书写进一步强化学生对历史问题的反思能力。

二、逻辑思维、推理论证视角中培养学生的质疑能力和问题意识

历史影视是一种呈现方式,是不同于书写历史的"历史叙事"。它不但可以对现实进行记录,还为读者提供了一种历史阅读的诠释新方式:"不应只停留在辨明历史真相的层面,更重要的是,在纷繁芜杂的历史材料和数据中寻找背后的信息,即这是在书写谁的历史?透过谁去诠释的历史?"

聚焦历史影视,还原复杂历史过程,以历史的观点解析历史影视,或以历史影视的角度来诠释历史,搭建开放性、多维度的知识结构;借由不同历史叙述与解释,发觉隐藏在影像或文字背后的历史思考,将影像内容与史实相互印证,发展历史的实证意识与思维;鉴别影像真伪、挖掘创作者动机和造伪者意图,反思影像的社

会效应，观察历史影视作品背后的个人情感及社会反响；提供模仿的素材，在质疑反思中强化新旧知识的联系，促进新知识的内化和迁移，进而提高历史思维能力，培养历史核心素养。

在学生思考与回答"为什么"的过程中所需要的就是历史质疑能力和问题意识。在教学中抓住推证与辨析这两个环节，激发学生学习兴趣与问题意识，经过史料实证、逻辑推理，进而形成清晰、有建设性的思考结果。最终在知识的获取与活动参与过程中形成系统思维能力、严谨的逻辑思维能力、洞悉与解决问题的能力和再学习的能力，这是教师在当前课程改革的背景下，探寻学生深度学习历史的新尝试。

——本案例由复旦大学附属中学张敏霞提供

案例四
基于名著阅读的分析和表达能力的培养

"所有历史叙述在本质上都是对历史的解释，即便是对基本事实的陈述也包含了陈述者的主观认识。"基于这样的认识，在高中历史教学中，教师不能简单地罗列历史史实，而是要引导学生认识到"历史解释是指以史料为依据，以历史理解为基础，对历史事物进行理性分析和客观评判的态度、能力与方法"，为学生展示教师们学习的历史叙述和历史解释是如何得到的，让学生学会如何进行历史叙述和历史解释，从而培养学生的历史核心素养，通过历史学科提高学生的思维和表达能力。

例如，在教师指导学生开展名著《政府论》"导读课"时，不能简单停留在文章的语言文字和行文结构的分析上，而是要从历史背景、历史语境去理解作者的写作意图，让学生学会对历史事物进行理性分析和客观评判的态度、能力与方法,掌握历史叙述和历史解释的方法,从而实现高中历史教学的要求和目标。

以《政府论》中"论财产"为例。

在师生共同探讨、总结的基础上,教师们可以得出一个结论:洛克认为私有财产权起源于劳动,这个权利是绝对的、排他的。洛克的证据如下。

> 论据1:人对于自己的人身享有所有权,这个权利是排他的,他的劳动能力、劳动行为、劳动成果都应该归他个人所有。
> 论据2:人们的劳动使得自然物脱离了原来的自然状态,在自然物中添附了属于劳动者私人所有的劳动在内,物的自然形态改变了,也随之带来物的权利属性的改变;原本属于全民共有的资源就不再是属于全民,而属于劳动者私有,进而排除了其他人的共同权利。
> 论据3:从功利的角度而言,私有财产符合人类的大利益。

洛克为什么认为私有财产权起源于劳动呢?其论据和论述有哪些"合理性",又有什么局限性呢?这需要结合洛克所处的时代背景、阶级立场,以及洛克和笔者们所处的语境。

第一,洛克的论述是对君主专制的反抗,维护的是资产阶级利益。君权神授论者(如菲尔麦)认为,天下所有私人拥有的财产都源自英王的恩赐,英王可以根据自己的意愿随时将这些财产收回。洛克是资产阶级的代表,必然反对这种观点。洛克所处的正是英国资本主义蓬勃兴起的时代,毛纺织手工工场的出现和迅速发展,使生产出的东西越来越多,不仅带动了英国经济的发展,还使拥有私有财产的阶级队伍越来越庞大,资产阶级和新贵族势力崛起。所以洛克提出的劳动产生财产权,能够鼓励个人劳动,提高资本主义生产的积极性,符合历史潮流,具有合理性。而且洛克的这一说法,营造出发家致富是资本家劳动和智慧的结果这一神话,抹去了"圈地运动"等资本原始积累的暴力和罪恶,容易被资产阶级和新贵族为代表的有产者所接受。洛克的财产权理论还保护资产阶级和新贵族的私有财产不受专制君主侵犯,更有利于反专制的需要,符合早期资本主义发展的要求。所以,洛克强调财产权起源于个体劳动,以及财产权的私有性和神圣不可侵犯性(即排他性)。

第二,洛克主张勤奋工作、反对不劳而获的观念,正是基督教新教加尔文宗(在英国称为"清教")的伦理观。清教伦理反对当时奢侈、腐化的天主教会,主张勤俭、致富,允许放高利贷等主张,有利于早期资本主义的发展。而洛克出生于一个清教徒家庭,英国的革命也主要是由清教徒发动的(也称"清教徒革命")。所以,洛克基于清教立场来论述财产权是有其自身家庭背景和阶级立场的。

而且当时英国乃至欧洲绝大多数人都是基督教徒,所以他引用圣经中的"上帝造人"思想,认为每个人的身体属于自己,劳动自然也属于自己,所以劳动产生私有财产权,这样财产归私人所有就顺理成章了,能够为大众所接受。

第三,洛克所处的时代还是一个早期殖民时代。占据美洲、澳洲等殖民地的欧洲移民要求从理论上确认他们的所有权,所以洛克提出农业劳动使土地大幅增值,远远超过当地土著的狩猎、采集活动,大大增加了人类的财富,所以应该得到承认。

洛克关于美洲土地的论述基于一个历史事实,即在欧洲殖民者到达美洲时,绝大部分美洲印第安人处于原始的采集和狩猎阶段,没有进入农耕文明阶段。所以,洛克通过农耕活动产出远远大于采猎活动，从而使土地大幅增值，来说明欧洲殖民者占有土地的正当性，这是一种基于农业社会的解释，也有事实依据，能够为大部分英国人（或欧洲人）所接受，自有其合理性。

但换一个立场或角度看，如从美洲土著的立场或人类的平等生存权来看，其理由就不那么充分了。因为即使绝大多数印第安人处于原始的采集和狩猎阶段，也不能因为后来的欧洲殖民者是农业耕作的人群，就简单地剥夺印第安人的土地所有权。因为这些土地是美洲土著印第安人世世代代采集、狩猎之所，而先占制度是最为古老的取得财产的"自然方式"之一，早在欧洲古典时代的罗马法中已成为一项被罗马法学家深信不疑的原则。而且殖民者的这种抢夺会使印第安人失去人人都应该享有的平等的生存权。所以，欧洲殖民者的抢夺既不合法也不人道，洛克的论述在这个意义上是不具有合理性的。

而且，洛克关于美洲印第安人的描述还存在事实性的错误，即有部分印第安人已经开始种植玉米，已经开始对土地进行耕种，符合洛克对财产权的定义，但洛克没有讨论这种情况，把美洲印第安人全部归为采集和狩猎，从而剥夺了印第安人对美洲土地的所有权，这是不符合历史实际的。

殖民时代是资本早期积累时期，洛克的论述符合资本原始积累的要求。洛克认为在人类社会的早期，世界的物资很多，消费者很少，个人可以在他的能力范围内，通过劳动使自然的东西变成他的私有财产，而不需要经过其他人的同意。这种论证符合早期殖民扩张的现状，有利于欧洲殖民者进行资本原始积累。但这一论述不符合早期人类社会的历史事实。因为在原始社会生产力低下的情况下，物质财富非常少，因此，这种将自然界的果实据为己有的做法，会引发更多的争执和纠纷；所以，在原始社会的早期提倡私有产权，会导致很多人饿死；而只有生产力进步以后，才可能产生私有制。所以,洛克的这一论述举的例子是人类早期社会,实际上他关切的是自己所处的早期殖民时代。

所以,可以看出,洛克对财产权的论述中列举了很多历史史实,看似是基于历史事实的叙述和解释,但实际上是根植于资本原始积累和殖民扩张这样的时代语境。但洛克对于财产权起源的解释,在很长的一段时期内一直被大家所推崇,直到今日,很多人认为,仍然有其合理性。所以,所谓的绝对的"历史事实"是不存在的,历史事实只能是相对"客观"的,只要能够满足当下人们普遍性的共识,具有相对合理性即可。因此,随着时代的变迁、人们思想观念的变化,"历史事实"并非一成不变的,只能"不断接近",历史解释更是具有相对性,会随着研究者当下语境的变迁而发生改变。通过名著阅读中的指导,学生理解了这一点,就能够对所有的历史叙述和历史解释的"合理性"有所认识,在阅读历史文本和观察世界的时候,能够透过现象去看本质,"揭示其表象背后的深层因果关系",从而能够培养"史识"(刘知幾语)。

高中历史教学的任务不是追寻所谓的绝对的客观真实,而是要让学生在理解历史叙述和历史解释相对"合理性"的基础上,养成全面、辩证地认识世界、表达自我的能力。

——本案例由复旦大学附属中学叶朝良提供

原文发表于《中学历史教学参考》2017 年第 19 期

主题阅读与写作，
构筑历史教学新视角

一、项目缘起

当前课程改革的背景下，以核心素养统领教学，为未知而教、为未来而学，这些话题已成为教育界的热点。就中学历史学科而言，关注学生获得史识的"过程与方法"，引导学生基于唯物史观和原始史料去逻辑构建史学观点，培养学生的历史思维能力，成为每个历史教师的使命和责任。

在帮助学生将知识转化为智慧的过程中，某些思维习惯一定程度阻碍了历史的信度和学习的效度，比如碎片化阅读、脱离历史语境去解读史料等。学生习惯于短文本阅读，从长文本阅读中提取、解读信息的能力较弱，这一点在经济合作与发展组织（OECD）的国际学生评价计划（PISA）项目中已有体现。而阅读能力又在一定程度上影响学生的表达能力。

针对这个现状，我们团队进行了高中历史阅读与写作学习方式的实践研究。基于建构主义、后现代知识观和学习共同体理论，我们在实践中摸索出高中历史主题阅读与写作的学习方式，并形成了一套教学流程。①

二、核心内容

所谓的"历史主题阅读与写作"是指，在一个比较宽泛的历史主题之下，教师引导学生阅读相关书籍或者历史影视资料，在师生共同阅读分析的基础上，学生以个人或者集体合作的形式，提出问题、思考探究，最后以历史小论文为主的多元方式来呈现研究成果，并与其他学生交流分享，从支持或反对的角度论证、比较和发展彼此观点，促进思想的共鸣、情感的交融。

根据"历史主题阅读与写作"的基本目标，我们形成了"主题—阅读—探究—表达"的教学流程。在基础型课堂上，采用单元主题阅读与写作的学习方式，即围绕教材的单元主题，师生选择一本或者两本相关主题的历史名著进行阅读指导，加深理解这段历史。在拓展型课堂上，采用合作主题阅读与写作的学习方式，教师基于一个阅读主题开设不同阅读载体的阅读课程，或者就同一阅读载体开设内容不同的阅读课程。

这种学习方式旨在通过"学进去、讲出来"，来展示学生的历史思维过程，培养学生的史料实证、历史理解和历史解释的核心素养。在这一过程中，我们注重阅读为先为重，写作为后为要的内联关系，侧重在实验性示范性学校的高中生群体中实践。

在探索的过程中，我们从课题研究视角，形成了总课题和子课题并进的实施路径，并且均重视基于真实数据的采集和分

---

① 建构主义、后现代知识观、学习共同体理论的共性在于强调学习是学习者在原有的知识和经验的基础上，与客观世界对话、与他人对话、与自我对话的三位一体的活动。学习是学习者主动建构自己的知识经验，对认知活动的对象形成主动的理解判断的过程。

析,注重把握、调整课题方向与进度,及时进行问题的反馈和解决。

  总课题的实施路径是:数据调研→分析报告→子课题立项→宏观调控→微观指导→子课题结题→形成总课题研究报告。
  子课题的实施路径是:立项→调研分析→确定方案→课程实践→信息反馈→完善方案→撰写报告→结题。

  从团队建设视角,形成了团队专家指导监控＋核心成员示范引领＋普通成员模仿合作＋编外人员协同配合的实施保障力量。

三、实践成果

  通过近3年的实践,我们初步取得一些成果。
  首先,我们为历史学科课程改革提供了参考路径和实例。这种深度学习历史的方式体现了新时期课程沉浸、对话、互动、体验的特点,将学生的史学认知、生成、变化的轨迹体现于过程和方法中,彰显学史重法、论史求通的学科特色。

  比如:在学习第二次世界大战史时,围绕"历史上的战争:缘起与影响"这个主题,师生基于"原始资料""无意史料"的视角,共同阅读了马克·布洛克的《奇怪的战败:写在1940年的证词》、安妮·弗兰克的《安妮日记》、米尔顿·迈耶的《他们以为他们是自由的:1933—1945

年间的德国人》。这是三本从不同程度和侧面反映二战初期重要事件的名著,围绕重要的篇章,从"直接证据""间接证据"的角度来思考文本的证据价值。在阅读和交流讨论中,有学生对布洛克带有个人感情色彩的史实分析持否定态度,认为作者的推论不能作为法国战初失败原因的论据;而有的学生指出历史书写都带有主观意识,不能因此否定作者的观点,而需要根据其他史料来多元互证判定。同样,《安妮日记》《他们以为他们是自由的:1933—1945年间的德国人》虽然是原始史料,但日记和口述史中的史实也需要互证。由此,学生们进一步阅读了李德·哈特《第二次世界大战战史》等名著,基于更多的史料和科学推论形成自己的观点,架构自己的历史解释,求得历史与逻辑的一致。除了阅读名著的文本课外,学生还结合多版本的电影《安妮日记》,进行影视作品为载体的影视课阅读,理解电影反映了不同时代的作者对同一历史事件或者历史人物的主观理解,但这不完全等同于历史真实。学生从作品创作背景、内容甚至时代影响等多维视角去获取可接近历史的信息,并在此基础上,撰写影评、创作剧本、进行戏剧表演,构建自己对历史事件和人物的解释,用多元方式活化学习成果。

学生在半年的时间里,读了6本名著的重要篇章,完整读了2本名著。平均每人做了5000字的读书笔记,完成了2篇近6000字的历史小论文,参加了1到2个课题小组,完成了2次主题展示活动。近50%的学生日均阅读时间从1小时以内变为1小时以上。学生通过阅读和写作,进一步理解了"历史是由活着的人为了活着的人重建的死者的生活"。

可以说,我们对历史主题阅读与写作学习方式的探究,不仅激发了学生"学"的兴趣和"习"的动力,也让教学方式变"活",教学思路变"宽",教学内容变"大"。老师们围绕主题,对教学内容进行射线式整合、聚焦式整合①,体现学科内外多维、多向的统整。

其次,我们为学生提供一种深度学习历史的课程。让纸与笔间的历史思维转化成积极探究的过程,激发学生阅读长文本的兴趣,学生逐步具有历史思维的过程,内省力也发生了"细微变化"。一些学生这样说:

> 晚自习的教室里发生了一些喜人的变化:一大半的人在看除了语数外理化之外的书。——要知道,平时会这么干的只有寥寥数人,而那几个星期里,我坐在教室第一排回头望去,遍布满教室的学霸们终于停止了丧心病狂的刷精编行为,多么令人欣慰!当教室充满着图书馆的味道,我觉得自己从题海里爬了出来,找到一个可以缓口气的栖所。
>
> 当我们试图说服他人接受我们的理论时,就必须建立公共的话语体系,也即说理。这恰恰是我们在过去接受的基础教育中被漏掉的一环,当讨论被抽离到理性的层面,我们不再能用小儿科的辩论方式去征服别人,而是回归到说理、阐述、论证、妥协、共识,并由此在高中补上

---

① 射线式整合指单元主题阅读教学,即以教材单元知识为圆点,根据单元主题的核心思想,多维拓展知识的广度和深度。聚焦式整合指合作主题阅读教学,即结合学生兴趣,在关照现实指导思想下,围绕主题,在阅读中加强多学科关联和整合。

过去欠缺的一课。

为进一步推广历史主题阅读与写作的学习方式,提升学生的阅读与写作水平,团队成员牵线搭桥,复旦大学历史系、上海市历史教育教学研究基地、复旦附中海外基金会联合主办了2015年"博学杯"历史人文素养展示活动。大学教授、团队成员围绕"纪念世界反法西斯战争胜利70周年"的主题向学生介绍多本经典著作,并进行面对面、点对点的阅读与写作指导,全市47所学校500多位学生利用寒暑假进行广泛阅读,以论文或者微视频的形式展现阅读后的思考和探究。最后由复旦大学、华东师范大学、上海师范大学的教授们盲评出优秀论文,编辑成书出版。这项活动让学生体会到"做历史"的快乐,也让老师感受到教育的"走心"之乐。

四、成员的发展

在历史主题阅读与写作学习方式探究的过程中,我们通过为教师提供课程具体运作的目标、方法和抓手,提升了团队成员的教学能力,提高了他们的专业自觉意识、发挥了他们的教育智慧。以主题阅读与写作学习为核心,我们确定了历史主题阅读教学的分层目标、阅读类型和主要抓手,形成了课堂案例和微课举要。在共商共建、众筹分享、合而不同、交互共赢的宗旨下,团队成员见证了自己修炼成长的每一步。

据统计,在团队计划实施期间,14人开设28节全国、市区级公开课;6人领衔7项市区级课题成功立项(部分已顺利结题),且与团队研究主题保持密切关联。在近3年的时间里,成员阅读书籍人均20本,共有10人在各级期刊(含核心期刊)发表研究论文

36 篇。在团队的支持下,通过不断地实践与研究,共有 12 人获得 26 项各级荣誉称号与职级晋升。团队成员的精神面貌焕然一新。

团队建设中,我们践行着"专业引领、课程合作,因材规划、创新实践"的发展模式,在"实践—展示—分析—反思—实践"的循环过程中,仰望星空、脚踏实地。

五、结语

经过高中历史阅读与写作学习方式的实践研究,我们把探究的成果以专著(《中学历史阅读与写作概论高中历史阅读与写作概论——以历史名著、历史影视作品和历史小说为重点》)、合著、微课(《高中历史阅读与写作教学的方法与流程》)和学生主题活动("博学杯"历史人文素养展示活动)的形式予以呈现。以此作为 3 年探索做一个回顾性的总结,我们也期待以后有平台再做深入研究,在"做历史"中提升师生的史学素养。

附录:

课程实施具体方案

一、单元和合作主题阅读教学的分层目标

1. 基础型课程:单元主题阅读教学目标为通过短文本的阅读教学,重点提升学生的集证辨据能力和诠释评价能力。

2. 拓展型课程:合作主题阅读教学目标为习得快速阅读、分

析阅读的基本方法，在此基础上提升合作探究、交流表达、解决问题的能力。

3. 活动课课程：在单元主题阅读和合作主题阅读的基础上，通过口述史学、野外调查等方式，拓展课堂的外延，结合学校模联活动、菁英计划等，引导学生用历史的眼光去看待他们接触到的社会问题，在行走课堂中提升历史思维能力。

二、单元和合作主题阅读教学的阅读类型和抓手

1. 阅读类型

在国外阅读教学经验的基础上，将阅读技能分成基础阅读、快速阅读、分析阅读、主题阅读技能，阅读类型没有绝对的界限，但越是高层次的阅读，其具备的阅读技能越全面。

2. 阅读抓手

（1）基于文本的阅读：抓住关键词、关键句、表层信息、深层信息、史料信度、史料效度、作者信息等进行阅读思考和分析。

（2）围绕文本的阅读：抓住论题和结论是什么、理由是什么、哪些词语意思不明确、推理过程中有没有错误、证据的效力如何、有没有替代的原因、数据有没有欺骗性、有什么重要信息被省略了、能得出哪些合理的结论等展开阅读指导和引导。

（3）超越文本的阅读：抓住何人何时何地写的、是哪个出版社出版的、文本的瞬时效应和长久效应如何等关键问题启发思考。

三、单元和合作主题阅读教学的案例举要

在基础型课程中，我们实践了单元主题教学与写作教学。在

"思想与革命"这一主题下,以华东师范大学版《高中历史》第四分册第二单元"17—18世纪资产阶级革命"的四节课,即"英国革命""启蒙运动""美国独立战争""法国大革命"为内容,结合《政府论》部分篇章进行阅读与写作教学,重点阐释社会存在决定社会意识的辩证关系。在讲"英国革命"时,师生阅读和分析了《政府论》的"论财产""论自然状态""论立法权的范围""论国家的立法权、执行权和对外权""论政府的解体"等篇章内容,引导学生认识《政府论》与早期资产阶级革命的背景之间思辨关系,基于洛克的契约理论来理解洛克对"光荣革命"及君主立宪制的辩护;在讲"美国独立战争"时,师生阅读和分析了《政府论》的"论自然状态""论政治社会的目的""论财产""论国家的立法权、执行权和对外权"等篇章内容,引导学生认识洛克思想对美国独立战争的影响,以及《独立宣言》《合众国宪法》受洛克思想的影响并发展其思想;在讲"法国大革命"时,经过之前教师阅读分析的示范,学生进行模仿,分析《人权宣言》《法国民法典》与《政府论》的关系。通过整个单元的阅读,加深学生对政治、经济与文化三者关系的辩证认识。

在讨论、寻证、论证的基础上,学生写出了基于"思想与革命"主题下的小论文。2016届学生李依芸在其小论文《从历史的角度来看〈政府论〉(下)中"国家权力的统属"这一问题》中写道:

> 欧洲进入中世纪以后开始了封建等级制……随后,王权呈加强趋势,逐渐形成了君主专制制度。但由于资本主义的发展受到专制的阻碍,君主专制制度被推翻,欧美各国逐渐走向了不同的方向。在君主制国家中,以英国为代表的众多国家建立了"议会至上"君主立宪制度,

权利即掌握在议会手中。同时,还形成了二元君主制……明治维新后的日本和德意志帝国就是其中的典型。另外,在特殊时期,还有形成过资产阶级军事独裁专制和元首独裁制度。

而在共和制国家中,则又分为贵族共和制和民主共和制。……近代大部分民主共和制的国家都选择了代议民主共和制。……总统制的代表为美国。……半总统制则是以法国为代表……

在拓展型课程中,实践合作主题阅读与写作教学,即教师基于一个阅读主题开设不同阅读载体的阅读课程,或者开设同一载体的不同内容的阅读课程。比如:围绕"历史上的个人与群体:行为、作用和影响"这个主题,三位老师开设阅读历史名著为同一载体的拓展课,课题分别为:《智慧之光:小人物与大事件——以《政府论》为视角》(叶朝良)、《追梦之路:移民与移民国——以美国移民为视角》(王雯)和《平庸之恶:犹太人和犹太事——以"二战"为视角》(李峻)。三位老师分别从伟人、移民和犹太人的视角,认识社会存在决定思想意识,理解民主、法制、自由、平等有不同时代内涵,并提升同理心和共情力。

此外,围绕大主题"二战的缘起:个人与社会、民族与国家",一位老师以历史影视为阅读载体,开设了拓展课"电影中的二战"(张敏霞),一位老师以戏剧创作为载体,开设"历史深阅读与历史剧"(俞文晶),一位老师以历史名著《第二次世界大战的起源》为阅读载体,开设了拓展课"二战缘起"(栾思源),两位老师以阅读历史小说《安妮日记》为载体,开设"历史小说的阅读指导"(黄青涛、陈建玲)。可以说,五位老师在一个大主题下,基于不同类型的阅读文本和教学目标,以微电影、历史剧、小论文等作业方式展现他们对二战缘起的多元认识,理解战争给无数百姓生活带来的无比深重的伤害,给世界文明发展带来难以挽回的破坏。

四、历史论文写作教学课程

我们的团队开设了论文写作训练课程。阅读课程分为"五步法",即分为选题、撰写文献综述、搜集并鉴别史料、观点论证和正文写作几个步骤。

1. 如何选题

教师讲解论文选题的基本原则,探讨学生论文在选题上存在的问题,提出修改方法,让学生掌握历史论文选题方法,然后根据阅读书籍和兴趣确定自己论文选题。

2. 如何撰写文献综述

教师讲解文献综述撰写的一般步骤,分为搜集并阅读文献资料、文献整理、拟定提纲和成文四个阶段,然后示范如何搜集、整理文献。最后以《历史研究》中刊登的学术论文为例,剖析文献综述的写法。

3. 如何搜集和鉴别史料

教师讲解史料搜集的一般方法,可以采用集腋成裘法、重点搜索法、顺藤摸瓜法、调查访问法、实地考察法、考古挖掘法、咨询相关领域专家等方法。教师介绍四种史料鉴别方法——对校法、本校法、他校法、理校法——并分别举例说明,指导学生根据自选题目搜集史料并鉴别史料。

教师首先讲解史料搜集的一般方法,可以采用集腋成裘法,即平时阅读过程中,关注与研究对象相关的资料,将这些资料抄录成卡片,逐渐积累资料,最终形成资料库;重点搜索法,即已经有了明确的研究对象和研究内容,通过重点搜索相关书籍搜集史料;顺藤摸瓜法,即在研究某一问题时,阅读与该问题有关的他人著作或者论文,看看他人在研究时利用了哪些史籍,这样可以顺藤摸瓜找到这些史籍,阅读这些史籍,看能否找到有用的史料;调查访问法,即如果历史事件的当事人仍然健在,可以通过调查访问当事人获得史料;实地考察法,如果研究对象是遗迹,或者研究内容涉及遗迹,可以进行实地考察;考古挖掘法,即关注考古挖掘成果获得"地下之材料";咨询相关领域专家,即向该领域专家求教。接着教师举例说明每一种方法的具体做法。

4. 如何论证观点

教师列举几种常用的论证方法:列举史实、引用权威理论、运用比较法、推理、归谬等,然后引用史学大家所著论文一一举例说明,指导学生运用搜集的史料论证自己的观点。告诉学生,史料搜集结束后,要对史料进行鉴别。

教师介绍史学家陈垣总结的四种史料鉴别方法:对校法,就是比较异同,参照可供比较的其他版本,找出不同之处,为进一步分析判断提供材料;本校法,就是通览全书,把握中心思想,对书中相同或相似内容中前后矛盾、上下文矛盾的现象,以及章节结构矛盾甚至欠缺的状况,进行逻辑类推分析,整理并订正其错误之处;他校法,就是比较引用的史料及其原文,看是否存在断章取义、曲解的情况;理校法,就是运用常识和逻辑,判断史料是否符合常理。教师对以上方法一一举例说明,布置课后作业,让学生根据自选题目搜集史料并鉴别史料。

5. 如何撰写正文

教师先介绍历史论文基本的格式要求和写作规范,然后以《历史研究》中刊登的论文为例,为学生一一剖析论文正文各个部分的写法和注意问题。最后指导学生完成一篇小论文写作(也包括历史戏剧写作)。

原文为课题《历史学科教学模式转换：以阅读与写作为中心的建构》的研究概要，由潘晨聪以《李峻团队：主题阅读与写作，构筑历史教育新视角》为题，发表于《上海教育》2017年第18期

聚焦学生判断力培养的高中历史教学探究

在信息化时代,面对日益复杂多变的未知问题和情境,我们必须运用已有的知识、技能和策略去判断、处理、解决问题。在这一过程中,判断力是解决问题的重要能力。培养学生的判断力就是培养学生有足够能力去面对未来世界的不确定性。从历史学科的视角去审视,判断力体现在个人能够借助可信的史料,用符合逻辑的推理方法对史实、观点进行事实判断或价值判断,把个人所学的知识、技能运用到新的不同情景中去创造性地解决问题。如何基于学科视角去培养学生的判断力?这是一个值得思考的问题。为此,笔者和自己所带的团队在多年历史阅读与写作教学的基础上,聚焦高中生判断力培养的教学实践,通过主题式跨单元教学设计来探索高中生判断力培养的路径和方法。

教育部颁布的《普通高中课程方案(2020年修订版)》指出,各学科课程标准应"进一步精选了学科内容,重视以学科大概念为核心,使课程内容结构化,以主题为引领,使课程内容情境化,促进学科核心素养的落实"。主题式跨单元教学是在把握《普通高中课程方案(2020年修订版)》的精神之下,教师根据课程标准建议的"结构—联系"教学模式,立足于统编教材和课标要求,对教学内容进行合理统整,以某个大概念为切入点,通过多维度主题设计来解读大概念,建构单元群,用"问题链"的形式架构单元与单元、课与课、目与目的相关内容。经过摸索,主题式跨单元教学设计分为六个步骤:选择大概念、确立多主题、构建单元群、设计问题链、探究真问题、形成评估数据。其中,"大概念"是点,"多主题"是线,"单元群"是面,点、线、面通过"问题链"激发学生的深度学习,在生成的"真问题"中思考、分析、判断、解决历史和现实问题。

历史学科的"大概念"是"在掌握具体历史史实的基础上,通过抽象概括而形成的对历史史实本质性的认识",是能统摄、整合学科知识,并结合史学思想和方法,借助大概念来理解、分析和解决新情境中的问题,具有一定的历史和现实意义。比如"人类命运共同体""中华传统文化""家国情怀"等大概念可以从历时性、共时性的视角,借助历史发展中的典型史事、典型人物来理解大概念背后的现象与本质、传承与发展、偶然与必然等。

在主题式跨单元教学设计中,"问题链"的设计和"真问题"的生成是非常重要的环节。所谓的"真问题",一是指学习过程中学生产生的与所学知识相关的问题,二是指当今人们真实思考、寻求答案的现实或者未来问题。"真问题"可以是当下社会热点和话题,也可以是基于历史语境和场景的学习问题。某种程度上讲,提出一个问题往往比解决一个问题更难。因此,教师设计"问题链",激励学生积极思考,大胆假设,小心求证,这会让"真问题"不断涌现出来。《追求理解的教学设计》的作者威金斯提出,"问题链"可分为四个层次,即综合问题、专题问题、基础问题及拓展问题。综合问题,指基于跨单元内容的探究问题,一般是具有统领性的大问题;专题问题,指基于某一单元内容的问题,通常是对综合问题不同侧面的探究,推进深入理解综合问题;基础问题,指基于单课内容的问题,着眼于知识和技能的巩固以呼应专题问题的问题;拓展问题,指立足跨单元主题,源于历史问题又与当下现实联系而提出的问题。教师可以基于这些问题设计的原则,设计有内在逻辑联系,又使历史和现实相呼应的"问题链"。教师在实践主题式跨单元教学中,关注学生学习方式的改变及成效,尤其关注学生思维方式、思维品质的变化非常重要。学习方式的改变、作业形式的改变,在一定程度上会加快学生思维能力的提升。比如,围绕"人类命运共同体"这个大概念,其中一个主题可以设计为"亚非拉国家的现代抉择",综合问题可以设计为"面对经济全球化,发展中国家如何应对挑战和机遇(以某某国家为例)",拓展问题可以设计为"人们的过去会怎样影响他们现在或未来的选择"。

主题式跨单元教学实施的效果一定程度上是通过多元评估数据来体现。发现学生在"时空观念""史料实证""历史解释"等核心素养方面存在的短板,寻找适切的"脚手架"去提升核心素养;发现教师基于判断力培养的教学设计的瓶颈问题,基于循证教学理论给予专业辅助和对话;发现学生在判断力养成过程中的能力短板及原因,基于跨学科融合课程给予学习的策略、方法。以上三个发现都是从教师维度去设定主题式跨单元教学成效的重要评估目标。但实践过程中,评估主体不能局限于教师,学生、同行、家长都是评估体系中的评价主体,尤其学生对自身的学习动力、学业水平和教师教学方式的接受度等,都很大程度推动或者阻碍他们判断力养成的效果。在实践过程中,尽可能展现学生"可见的学习"很重要,这种"可见的学习"可以通过课堂上师生的思维碰撞来体现,也可以通过有品质的作业设计来表现。尤其作业的可视化过程,弥补了因课堂时间有限而无法让学生都来展示他们"可见的学习"的局限。思维导图、手绘漫画、历史剧本创作、阅读报告、论文写作等都是"可见的学习"的展示方式,让学生展现自己的思维过程和学习进度,同时提升自我效能感和成就感。在学生解决问题的过程中,学生需要课外去搜集更多的信息和资料,发现关键信息,并进行辨析、论证和建构。在这种"可见的学习"过程中，教师要引导学生基于信息化手段解决问题，并倡导在解决问题过程中的沟通、合作意识。

主题式跨单元教学在高中历史教学中的尝试是一项比较艰巨的任务，教师要从教材内容、教学组织、评估方式等方面进行多方位的突破创新。因此，教师要改变传统教学设计思维定势，持之以恒将史学的育人价值融入学生的终生能力培养之中。

原文发表于《学习报》2021年1月20日

聚焦判断力的高中历史
教学评估研究

　　高中历史学科视野下的判断力可以指向三个层级的能力：一是甄别能力，即有效辨别史料类型与价值，并进行史料实证的事实判断能力；二是解释评判能力，即论从史出，对历史事物进行理性分析和客观评判，趋向对历史事物或者历史评判的价值判断能力；三是解决问题的能力，即在已有知识和尽可能占尽史料的前提下，去尝试思考、解决一些历史、现实甚至未来的问题的能力。三个层级的判断力，其核心是批判性思维能力，是一种"基于论据的逻辑性的、不偏颇的思考""有意识地琢磨、反思性地审思自身的思维过程"。从高中历史核心素养培养的视角来看，第一、第二层级的判断力与"史料实证""时空观念""历史解释"等核心素养有着直接关联。第三层级的判断力是个人借助知识体系及运用各种技能去解决当下或者未来问题的能力。因此，聚焦判断力的三个层次的教学，是基于课程标准和统编教材去落实学科核心素养的探究与实践，而围绕判断力的教学评估设计，有助于教师更精准地实施判断力培养。

一、评估目标

　　聚焦判断力的高中历史教学评估主要有三个目标。

1. 发现学生在"时空观念""史料实证""历史解释"等核心素养方面存在的短板，寻找适切的"脚手架"去提升核心素养。

2. 发现教师基于判断力培养的教学设计的瓶颈问题，基于循证教学理论给予专业辅助和对话。

3. 发现学生在判断力养成过程中的能力短板及原因，基于跨学科融合课程给予学习的策略、方法。

二、评估主体

评估主体是指参与评估过程的所有对象，可以是评估体系的设计者，如教师；也可以是被评估的对象，如学生；还可以是对设计者和被评估对象进行评价的对象，如专业同行或者家长等。其中，教师根据学情设计或完善评估项目，并把评估数据作为优化教学的重要参考。学生是重要的评估主体，他们对自己学习兴趣、学习效果有真实的感受与评价，他们的学业水平、学习能力直接体现判断力培养的成效。而家长或专业同行从学生的成长变化、知识能力等方面对判断力养成的成效做评估。三类评估主体因身份的不同带来评估视角的不一致，但其构成了对教学有效性的整体反馈。

三、评估指标

依据教育部颁布的《普通高中历史课程标准（2017年版）》中核心素养水平划分层次，判断力可以分为三个层级的能力，即甄别能力、解释评判能力、解决问题的能力。判断力水平层级划分有助于教师对学生判断力水平进行准确的评估（见表1）。

表1 历史学科学生判断力水平层级划分的指向与标准

判断力	水平1	水平2	水平3	水平4
甄别能力	能够区分史料的不同类型、来源和观点;能够辨识历史叙述中不同的时间与空间表达方式。	能够认识不同类型的史料具有的不同价值;能够认识事物发生的来龙去脉,理解空间和环境因素对认识历史与现实的重要性。	能够利用不同类型史料,对所探究的问题进行互证。能够用特定的时间空间术语对较长时段的史事加以概括和说明。	在对历史和现实问题进行独立探究的过程中,能够恰当地运用史料对所探究问题进行论述。
解释评判能力	能够辨析历史解释的合理与否;能够发现这些历史解释与以往所知历史解释的异同。	能够对个别或系列史事提出自己的解释;能够尝试从历史的角度解释现实问题。	能够基于时代语境、传播语境、接受语境构建对历史和现实问题的解释,说明导致这些不同解释的原因并加以评析。	在独立探究历史问题时,尝试验证以往的说法或者提出新的解释,符合历史逻辑。
解决问题能力	不能结合已有知识解决历史、现实乃至未来问题。	结合已有知识,提出解决历史、现实乃至未来问题的1—2个可行性举措。	结合已有知识,个性化、原创性提出解决历史现实乃至未来问题的3—5个可行性举措。	结合已有知识,个性化、原创性提出解决历史、现实乃至未来问题的5个以上可行性举措。

四、评估框架

评估框架是在实操层面对评价主体、评价范围、评价对象、评价标准以及评价方法和工具的整体设计,是从中观视角架构评估主要要素,并对评估主要要素的具象化。评估框架能帮助教师更好理解评估要素的整体合力,以及每个评估要素的聚焦点。在国际和国内较为成熟的评估框架基础上,笔者所在团队建构了指向判断力培养的评估框架(见图1)。

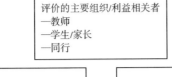
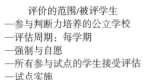
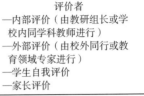
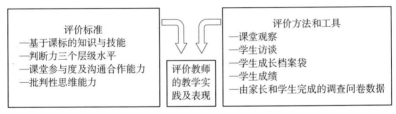

图1　指向判断力培养的评估框架示意图

五、评估类型

(一) 静态评估类型

静态评估指标主要指教师在课堂里围绕教材内容提出的思考问题或者相关的辅助学习项目,这些问题或者项目需要学生依据教师提供的相关资料来学习、思考和回答。一般来说,静态评估侧重教师的主动给予,学生按照教师的指向去完成相关学习任务。静态评估类型主要分为以下几种形式。

1. 课堂对话

通过教师问题式教学模式,引导学生借助教师提供的相关资料思考问题,搭建符合逻辑的推理,并通过学生的表达来展示其思维的推演过程。在这一过程中,教师的关键作用在于引导和促进。引导是指教师善用发问,让问题明显呈示,表达清楚,指向明确,并留出适当的待答时间。促进是指教师积极促进对话,倾听学生表达,鼓励和引发学生提问或质疑,对学生的反应做出建设性的反馈。对于学生来说,评估他们的课堂学习效果,主要依据《历史学科学生判断力水平层级划分的指向与标准》。在课堂对话的过程中,作为第三方的课堂观察人员应注重对课堂的生成性进行观察,包括教师提问次数、学生回答问题的质量等。

比如,《中外历史纲要》(上)第9课"两宋的政治和军事"一课的教学中,教师将"陈桥兵变的疑点与史实"的学习活动作为教学的着力点,首先提供了《宋史·太祖本纪》中关于陈桥兵变的记载,初步得出结论是:陈桥兵变是一场没有预谋、不流血的兵变,赵匡胤在兵变前毫不知情,是被将士拥立的。

这个结论马上受到同学们的质疑,对于赵匡胤是否知情形成了截然不同的观点。对于同学们的疑问,教师没有急于给出结论。而是提示同学们:想要了解赵匡胤是否知情,我们刚刚看的宋史和赵匡胤的言辞,为什么不完全可信?学生能够从"宋史和赵匡胤的立场"指出史料的客观性问题,于是教师可以顺水推舟,提出问题:"请同学们一起考虑一下,我们能否跳出事件参与者的视角,想想可以从哪些人哪些事中寻找蛛丝马迹,还可以从哪些角度去寻找史料?"从而引导学生求证文献记载中陈桥兵变的真实性。

受到启发的同学们开始考虑兵变中北周君臣和兵变官兵的言行,以及契丹军队等因素,提出了更多的思考路径。于是,教师提供了4组材料,取自《宋史·太祖本纪》《辽史·萧思温传》《宋史纪事本末》《涑水纪闻》中的相关记载,分别从宋史、辽史、北周、民间的角度来分析这一事件。

课堂上,学生4人为一组进行合作学习,每人分别阅读1则史料,并在小组内说明自己的观点与结论。其他同学进行点评与分析,最终共同完成4则史料疑点问题的探究。"疑点重重"激发了同学们探究的兴趣,好奇心让同学跟随教师的问题主动思考。同时,问题引导和小组项目学习的方式让每一个同学参与其中,产生思考和探究的动力。

学生在小组讨论过程中,很快就产生了思维的火花:既然是"仓促起兵",那"黄袍哪里来的?""对对对,黄布匹是皇家御用物品,私自藏在身边这不是招惹杀身之祸吗?""兵变之后契丹军队怎么就没有了呢?"……教师肯定学生的思维同时,提示大家可以用不同的史料来印证同一问题:一是从两宋其他史料中寻找关于黄袍描述的蛛丝马迹,二是从出兵的理由来印证当时出兵是不是仓促的,三是从回程的情况来看这次兵变是否真的"没有预谋"……很快,同学们相继找到了"辽史记录中的内乱""被'拥逼'着返回都城后的秩序井然""北周大臣的反应和民间传闻"等疑点。交流中,同学们都能对各组的观点提出自己不同的想法,回答同学的质疑,也使各组的观点论证日益完善和充分。

最终,教师请全班同学结合自己的分析,阐述自己对于既有历史结论的看法。通过"陈桥兵变疑点"的分析和解释,学生可以认识到文献史料的价值,能对其来源和可信度进行考证,进而综合解释构建较为合理的史实,并对原有历史结论提出不同的意见。通过"以点带面"的活动聚焦"北宋初期的问题与解决",既可以帮助学生将各个知识点联系起来,由此分析唐末以来的历史问题,也衍生出宋代改革造成的"弱"与"贫"问题的讨论,可以实现单元内各课知识网络的构建与延伸,也能促使学生将学习到的能力进行运用与实践。

在课堂教学中,以问题为驱动,注重持续性的探究来达到对问题的解决。教师在这过程中关注学生学习后能够获得的探究、理解和学习能力有哪些？学生最终能够做什么？教师引导所有参与者对分享的成果进行评论和分析，成果的修订、完善、公开报告的过程，都被看作是学习的重要组成部分。教师示范引领，让学生学会在体验中反思，能够促进其自身更好地学习。

2. 作业展示

学生围绕教师布置的问题，通过多种作业形式来表达他们对问题的理解及自己在解决问题过程中的思考、举证，建构自己的观点，提出解决问题的办法。作业是学生可视化的学习过程，弥补了因课堂时间有限而无法让学生都来展示他们"可见的学习"。思维导图、手绘漫画、历史剧本创作、阅读报告、论文写作等都是"可见的学习"非常好的展示方式，学生在展现自己思维过程和学习进度的同时，提升了自我效能感和成就感。

比如，学生在阅读史料的过程中，可以基于循证逻辑的思维来分析史料。"我们是从谁的观点、从什么样的视角去理解文本的？这些文本是有意或无意留下的？作者是目击者还是转述人？作者写作或者制作这些文本的动机可能有哪些？我们怎样知道我们所看到的文本内容是可信的？事物、事件和人物是怎样联系在一起的？谁会在乎这些文本中透出的史料信息？这些史料可以解答我们的什么问题？"这些循证逻辑也在倾听他人论证中产生系列问题："为什么这是你的答案？为什么你采用这种方法来获得你的答案？为什么你做出这种预测和评判？为什么你借助的理论合适于问题的解决？"而学生在思考解答这些问题中体现的批判性思维能力，即可作为指向判断力的评估证据。

3. 纸笔测试

标化性评估是判断所有学生的习得效果，也是一种从整体学业水平的视角来看教师的教学是否取得成效的手段，这是一种最直观和最可识别的评估类型。纸笔测试是以教师评估为主，是不断帮助教师基于判断力养成的目标来改进教学策略、方法的校正方法。教师可以相对固定一个学生群体,在聚焦判断力培养的教学开展之前进行相关标化评估,看一下学生群体在判断力三个层级方面的实际水平,之后,在每个阶段教学结束后再进行标化性评估,分析学生的学习效果,进而反思教学的不足,优化教学方式方法。

比如,复旦附中历史组曾基于历史语境下实践探究高中生判断力的养成进行对比,经过一年相关的教学,发现被观察的对象在判断力养成方面进步明显。仅从"历史解释"这一核心素养来看,两届学生习得此项技能的进步率超过或者接近20%。"历史解释"与判断力之间有着密切的关联,学生需要运用记忆、演绎、预知、推理、判断等能力对问题进行梳理、阐释,对历史史实进行判断(见图2)。

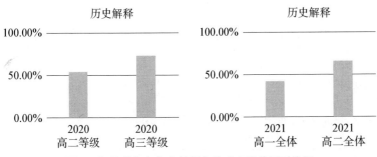

图2 复旦附中高中生判断力养成实践前后对比图

4. 其他

基于"可见的学习"的视角,判断力培养的评估方式还可以根据不同学校学生情况的差异,进行特色化操作。比如在市级实验性示范性学校,学生综合素质非常好,教师可以通过活动课,以辩论、项目化研究、戏剧表演、论文撰写、跨校主题研究成果展示等多元方式体现学生判断力的习得水平。比如,教师可以在课堂上进行"一分钟演讲"活动。"一分钟"并非严格意义上的时间,只是要求学生在极短时间里对教师给定的问题、学习内容做出精要的陈述、总结,并以文本或口头等形式表达出来。比如,当学生学习完高中所有历史内容后,教师请学生思考"历史学是科学还是艺术"这一问题,并做"一分钟演讲"的简要表述(见表2)。

表2 "一分钟演讲"的评估指标

	评价量规			
	超过标准 (5分)	达到标准 (4分)	接近标准 (3分)	尝试标准 (2分)
观点	明确,原创,有新意	明确,视角比较新颖	比较模糊	几乎没有观点
论据	选择与观点契合度高的史实3个以上	选择与观点契合度高的史实2—3个	选择与观点契合度比较高的史实1—2个	选择与观点契合度不高的史实
推演	符合历史逻辑,推演过程清晰	符合历史逻辑,推演过程比较清晰	基本符合历史逻辑,推演过程不够清晰	不符合历史逻辑
论证	结构严谨,层次分明	结构严谨,层次较分明	结构模糊,层次不分明	没有结构及层次
文字表述	语句通畅,用词恰当	很少有语病、不当用词。	有多处语病、不当用词	语句不通,用词不恰当,有错别字

此外,问卷和调查也可以作为评估的手段。问卷和调查的对象可以是学生、家长,问卷的填写人应与教师有比较固定的、长期的交流,这样才能对教师的教学质量有相对客观的评价。

(二)动态评估类型

动态评估指标是指在问题解决过程中,学生所需信息并不能通过教师在课堂里的给予得到比较全面的呈现,而是需要学生通过互动探索去搜集更多的课外资料,发现关键信息,并进行辨析、论证和建构。这种动态评估指标更侧重学生基于互联网去解决问题的能力,以及在问题解决过程中的沟通、合作能力。此外,动态评估指标也关注学生个性化成长,通过学业成长的档案袋来体现学生在判断力养成方面的动态发展趋势和成效。

1. 过程性评估

过程性评估是基于循证教学理论针对所有学生的动态评估。通过对班级所有学生的学科成绩数据的分析,具体包含作业、课堂回答问题、课外探究性学习、考试成绩等,将其作为学生判断力养成的主要证据来源。通过过程性评估可以发现学生整体发展中的优势和不足,有利于教师基于数据及时改进教学方式和方法。在过程性评估中,标化考试成绩会作为重要数据之一来佐证判断力养成的成效,但这些"绝对成绩"并非是教师关注的重点,教师更关注学生最近发展区域的学习表现和成效,要多注重学生的"增值成绩"而非"绝对成绩"。

在过程性评估中,学生的自评是很重要的参考数据。学生在学术研究、论据性写作、演讲技巧、思维模式、解决问题、为大学升学做准备等方面的自我感受,很大程度折射、聚焦判断力养成的教学成效。学生自评可以每一个学期进行一次,也可以根据主题学习的节奏,在完成一个主题学习后进行一次(见表3)。

表3 高中历史学科学生能力发展学期自评表

	进步很大	有进步	没有进步	倒退了
时空观念				
史料实证				
历史解释				

续 表

	进步很大	有进步	没有进步	倒退了
学术研究				
阅读书写				
口头表达				
沟通交流				
解决问题				
判断评判				
其他（ ）				

2. 成长性评估

成长性评估可以通过信息化手段记录评价信息，包括学生成长档案袋、学生的课业展示和自我反思来进行。成长性评估关注学生个性化成长，尤其是特别优秀或者在学习上有困难的学生。这些学生作为教师的案例研究对象来进行个性化的学业跟踪与指导。

六、评估流程

评估流程设计的科学性很重要。评估流程是否合理符合逻辑，会影响评估结果的准确性，而评估结果更是优化判断力培养的重要实证数据。评估流程以学生是否达到判断力发展的基本水平为核心，通过来自学生、教师、观察者的评价证据，给予未达到判断力发展基本水平的学生一些额外的个性化指导，这也体现了通过评估数据推动教师改进教学策略和方式方法，不让一个学生拉下（见图3）。

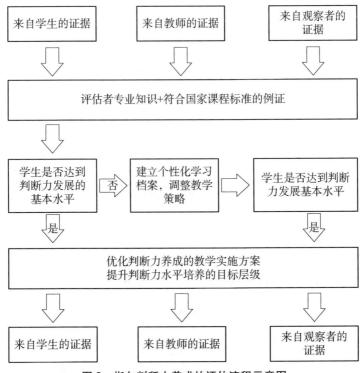

图3　指向判断力养成的评估流程示意图

七、评估重点

1. 表现性的学习成效

教师根据课程标准和教学目标,有针对性设计可视化的探究性、项目化的作业来激发学生学习兴趣、探究激情。无论是探究性还是项目化的作业,评估的预期结果可以通过学生的表现性行为来体现。而这些表现性行为可以体现为运用跨学科知识和技能,将生活现实与世界发展联系起来,提升理解-解释-评价的内在理性认识和思维逻辑。教师采纳的评估证据可以从教师设计的评估工具中获得,也可以在学生自我评估中体现。

比如,教师围绕"21世纪,如何维护和平、发展、合作、共赢的时代潮流"的主题,请学生结合相关世界历史的知识,以项目化的作业方式完成:(1)为抗日战争中牺牲的中国将士设计一个纪念碑,并撰写碑文,选择一个地点建立烈士陵园。(发现身边的历史:寻找本地的战争纪念碑,并做笔记:它纪念的战争;纪念碑上的话;纪念碑解释了人们是怎样死去的;纪念的理由是什么;刻在上面的名字等)(2)聚焦国家记忆,选择三个国家,为三个国家设计三座国家纪念碑,并撰写碑文。(撰写选择三个国家的纪念理由)这是一个开放式的项目化作业,需要学生基于人类文明发展史的视角,熟悉相关国家在特定时期的历史、地理、人文,有整体了解后才能作出判断和选择。

对于探究性和项目化的作业,教师有相应的评估方案的设计。比如以纪念碑和选址为例,教师可以设计以下评估量规(见表4)。

表4 纪念碑设计和选址评价量规表

	超过标准 (5分)	达到标准 (4分)	接近标准 (3分)	尝试标准 (2分)
纪念碑设计评价量规				
图案	主题明确,图案原创,有震撼力	主题明确,图案原创,但缺乏震撼力	有震撼力,但未能突出主题	主题不明确,也缺乏震撼力
文字	简明扼要,突出主题	不够简洁,但能突出主题	比较简洁,但未能突出主题	不够简洁,也未能突出主题
国家纪念碑选址评价量规				
理由数量	5个及5个以上	3个及3个以上	2个	1个
契合程度	与选择国家联系密切	与选择国家有联系	与选择国家联系不大	与选择国家几乎没有联系

续 表

国家纪念碑选址评价量规				
理由数量	5个及5个以上	3个及3个以上	2个	1个
文字表述	语句通畅,用词恰当,符合历史逻辑	很少有语病、不当用词。	有多处语病、不当用词	语句不通,用词不恰当,有错别字
历史逻辑	符合历史逻辑,举证翔实	符合历史逻辑,有举证	基本符合历史逻辑,缺少举证	不符合历史逻辑,无举证

表现性的学习成效还体现在学生语言表达能力的提升,通过口头或者文字表达方式,学生展现自己模拟历史学家解决问题的思维方式、思维过程,并在与别人的思维碰撞中反思自己可以修正的观点,使其更符合逻辑的推理,从而提升自信心。

2. 高阶思维的养成

分析、评价、创造被看成高阶思维必备要素,同时批判性思维、创造性思维和沟通合作能力也是高阶思维的外在表现。在可见的学习过程中,学生"理解问题、建构问题、表征问题、解决问题、结果反思、结果交流"的过程充满了高阶思维能力的发展。在解决问题的过程中需要学生进行综合各种学科的视角,深化认识,完整理解一个问题。比如,解决冲突方法、文化多样性、经济全球化带来的问题等,这些概念可以涉及历史、政治、科学等不同学科。学生需要将自己的视角与他人的观点进行对比,梳理疑问点,分析并整合结论可靠的证据,针对不同历史事件、现实问题将不同视角整合成一个新的视角来提出明确的应对建议,从而解决复杂情境下的问题。因此,基于判断力的高阶思维评估让真实的"研究"得以体现。《历史学科学生判断力水平层级划分的指向与标准》中的水平3和水平4,能一定程度体现高阶思维能力的养成。

原文发表于《中学历史教学参考》(上半月·综合)2020年第8期

培养高中生判断力的教学思考与实施抓手[①]

《普通高中历史课程标准(2017年版)》强调,"将正确的思想导向和价值判断融入对历史的叙述和评判中",要培养学生"判断史料的真伪和价值""能对各种历史解释加以辨析和价值判断"、要培养学生"对历史事物进行理性分析和客观评判的态度、能力和方法""能够客观评判现实社会生活中的问题"。那么,历史学科所指的"评判""判断"等聚焦学生判断力的重要能力,教师如何有策略地去培养学生呢?笔者认为,可以尝试以下一条路径,即以跨单元主题教学为突破口,以问题教学为主要教学方法,多元方式量规评估,在课堂教学中扎实推进高中生判断力的养成。

一、判断力概念的界定

从历史学科视角来看,判断力指是个人对历史或现实事件、问题做出独立思考分析、明辨是非的事实判断和价值判断的综合能力,它含有个人的集证辨据、逻辑推理、解释评价、问题解决等能

[①] 本文系为上海市"双名工程"培养基地(攻关计划)《在历史学科中培养高中生判断力的实践研究》课题初步成果。

力。其内核是历史思维能力,其外延是解决问题的能力。判断力涉及对知识、方法和观点的判断。事实判断与时空观念、史料实证等核心素养有密切关系,而价值判断是基于事实判断,更多与历史解释、唯物史观、家国情怀等素养有内在联系。事实判断和价值判断最终融于个人问题解决能力。

(一) 事实判断和价值判断

事实判断包括对史事真伪、史实推理解释正确与否的主观判断。史事指历史上发生过的事情,史事是否发生过,要去伪存真,可以"运用可信的史料努力重现历史真实",史事判断是通过比较分析不同来源、不同观点的史料,并在辨别史料作者意图的基础上对史事作出判断。史实是指史事形成、发展及史事之间内在关联的逻辑推理结果,史实判断是"对历史事物进行理性分析和客观评判",辩证、客观地理解历史事物,揭示其表象背后的深层因果关系,不断接近历史真实。史实判断是基于史事判断对历史事物之间的因果关系作出解释。

从历史学科视角来看,事实判断能力是个人从历史事物中发现问题,并通过正确方法去修正观点、解决问题的能力,是个人实证精神和理性精神的体现。价值判断是基于事实判断,从来源、性质和目的等多视角来说明对事物不同解释的原因并加以分析,通过特定的时间联系和空间联系,对所发生的事实进行客观评价,并由此对现实社会中的问题提供解决问题的行动指导。

(二) 与问题解决能力的关系

任何一门学科都会把培养学生解决问题的能力作为一个重要目标。解决问题的能力是一种高阶思维能力,它与个人的判断力有着直接关系。从历史学科去理解,面对新问题,个人可以借助可信的史料,用正确的推理方法、符合逻辑的思维推演形成审辨性的观点,将个人所学的知识迁移到新的不同情景甚至有时令人感到困惑的情景中去创造性地、灵活地、流畅地解决问题。判断力的强弱直接影响到解决问题的力度和效度。从历史学科来看,判断力的内核是历史思维能力,其外延是解决问题的能力。

二、判断力培养的实施策略

(一)"以终为始"的指导思想

教学目标是由教师基于学生习得的视角来制定的,但如何体现教学目标达成?哪些证据可以被看作实际证据来证明学生已经真正掌握了学习内容,并能运用知识和技能去独立完成或者解决问题、任务?这似乎是教师们比较容易忽视的地方。因此,在培养学生判断力的教学实践中,只有通过可视化的评估指标来体现学生判断力的提升,教学实践的成果才能被肯定。由此,教师不仅要关注客观的教学活动,更应该关注教学预期目标的主观设计和预期目标达成的评估证据。"以终为始"是培养学生判断力的教学实施的指导思想。

(二)"以点带面"的跨单元主题教学

跨单元主题教学是立足单元主题的结构之上,高屋建瓴地整体把握各单元的关键要素,以问题、属性、路径、策略等为导向,围绕"彰显史学思想方法""把握课程内容主旨""完善历史学习方式"的课改理念,进行跨单元主题教学设计。如果单元主题是"面",那跨单元主题即为"点","以点带面"可以帮助学生将各个知识点联系起来,有助于在大脑中巩固,对学生有用的史学观点和思想方法,具有持久价值。尤其要关注学生学习后能够获得的探究、理解和学习迁移点在哪里?学生最终能够做什么?

比如,20世纪的两次世界大战和"冷战"给人类社会带来的巨大浩劫。政治经济发展的不平衡以及国家战略目标的不同,导致"热"战和"冷"战成为解决分歧冲突的最糟糕手段。在充满希望又遍布危机的21世纪世界里,只有构建人类命运共同体,才能维护和平、发展、合作、共赢的时代潮流。

从聚焦学生价值判断的角度来思考,教师可以设计"21世纪如何维护和平、发展、合作、共赢的时代潮流"这个跨单元主题。要解答这个问题,其涉及的单元至少包括:第七单元"世界大战、十月革命与国际秩序的演变"(第14课"第一次世界大战与战后国际秩序"、第17课"第二次世界大战与战后国际秩序的形成")、第八单元"20世纪下半叶世界的新变化"(第21课"冷战与国际格局的演变")、第九单元"当代世界发展的特点与主要趋势"(第22课"世界多极化与经济全球化"、第23课"和平、发展、合作、共赢的时代潮流")。由此,跨单元主题被分解到单元教学中,把教材当成证据之一,集证辨据,在理解-解释-评价中架构起个人对主题的认识。

(三)"以真为要"的教学问题链设计

如果学生所学的知识没有很好与生活、社会、世界联系在一起,那么很多历史知识就成为死概念,这些知识一旦脱离应试环境或者换一个情景来测试对知识的理解,可能会出现完全不同的结果。培养判断力的重要目标是学生能运用和迁移所学知识和技能去解决问题,这个问题可能是现实中的问题,也可能是未来会出现的问题。"21世纪如何维护和平、发展、合作、共赢的时代潮流"这个跨单元主题问题是一个真实的现实社会问题，有助于激发学生的探究兴趣和对社会、人类发展的忧患、责任和担当意识。如果问题无法获得圆满的答案，但解决问题中个人所采用的思路、路径和方法也能体现个人判断力的实际情况。

围绕跨单元的主题，教师在单元教学中要分解主题，设计能够提供学习支架，引导学生获得答案的问题链。这个问题链基于历史概念的广度、深度和外延的差异去建构，可分为基础性问题、专题性问题、综合性问题和拓展性问题。综合性问题是具有延展性、基础性、大概念的问题，指向持久性理解的问题。专题性问题指向本单元的开放性问题，聚焦单元范围内的理解，可不断深入理解综合性问题的问题。基础性问题是支持性的，基于事实的问题；用于丰富学科内容，从而帮助学生增强和发展对更重大问题的理解。而拓展性问题是在没有教师提示和线索的情况下，学生必须独立思考需要用哪些知识和技能来解决实际问题，是迁移能力在真实问题中的表现。问题链的先后顺序是基础性问题—专题性问题—综合性问题—拓展性问题。

以"21世纪如何维护和平、发展、合作、共赢的时代潮流"这个跨单元主题问题为例，可以设计以下问题链（见表5）。

表5 跨单元主题教学问题链设计示范表

问题	具体内容
综合性问题	世界大战怎么打起来的，又是怎么打的？它给人类和社会带来了什么影响？技术的进步总是让战争有所不同吗？人类怎样避免21世纪的世界大战？
专题性问题	第七单元"世界大战、十月革命与国际秩序的演变" 1. 世界大战的发生是谁的错？影响国际秩序发展的重要因素是什么？ 2. 美国该不该向日本投放原子弹？

续 表

问题	具体内容
基础性问题	第八单元"20世纪下半叶世界的新变化" 1. 20世纪战争爆发的原因有共同之处吗? 第九单元"当代世界发展的特点与主要趋势" 1. 如何构建人类命运共同体? 第七单元"世界大战、十月革命与国际秩序的演变" 1. 如何理解资本主义政治、经济发展不平衡是世界大战爆发的根本原因? 第八单元"20世纪下半叶世界的新变化" 1. 是否认可"没有永远的朋友只有永恒的利益"这种说法? 第九单元"当代世界发展的特点与主要趋势" 1. 影响世界和平与发展的主要障碍是什么?
拓展性问题	中美贸易战的结局将会如何?

(四)以表现性任务为外显评估方式

教师对培养、提升学生判断力的表现应有预期结果,根据课程标准和学习目标所要求或暗含的表现性行为来设计课程,而学生则用表现性行为来展示判断力养成的结果。理解—解释—评价是表现性评估的内在逻辑序列。教师采纳的评估证据包括测验、课堂问答、教师观察、作业、论文撰写、活动展示等,通过表现性的、过程性的真实数据证明学生达到了预期目标。评估可以从教师设计的评估工具中获得,也可以在学生自我评估中体现。

以"21世纪如何维护和平、发展、合作、共赢的时代潮流"这个跨单元主题为例,评估以表现性任务的完成为主,具体见表6。

表6 跨单元主题教学表现性任务评估证据示范表

评估证据
表现性任务(任务概述): 1. 战争与人民/国家: (1) 为抗日战争中牺牲的中国将士设计一个纪念碑,并撰写碑文,并选择一个地点

续 表

评估证据
建立烈士陵园。(发现身边的历史:寻找本地的战争纪念碑,并做笔记:它纪念的战争;纪念碑上的话;纪念碑解释了人们是怎样死去的;纪念的理由是什么;刻在上面的名字等) (2) 聚焦国家记忆,选择三个国家,为三个国家设计三座国家纪念碑,并撰写碑文。(撰写选择三个国家的纪念理由) 2. 和平与发展: (1) 图片展:用图片、数据等文本信息展示小组成员对世界"和平与发展"的认识、展望。 (2) 微报告:《中美贸易战的结局将会如何?》
其他证据证明预期结果: 考试测验——单元练习 回家作业——练习册 读书笔记——从书中,你获得的对当今世界引以为戒的思考是什么?请用文字与作者交流你的看法。 克里斯托弗·克拉克《梦游者:1914年,欧洲如何走向"一战"》:欧洲如何走向一战? 布洛克《奇怪的战败:写在1940年的证词》:是否可以带有个人情感地去写历史著作? 微报告——《中美贸易战的结局将会如何?》 个人/团队撰写小论文 微活动——图片展《为何是他们?》 1. 参观上海犹太难民纪念馆。 2. 图片布展,体现观点和论据。 辨析观点——二战后期美国向日本投原子弹是正当行为 1. 撰写辨析文本。 2. 5分钟演讲。

在落实表现性任务过程中,教师应该形成"证据集",进行连续性评估。由于学生的学情不一样,因此,表现性任务可以有选择地进行,但任务完成的质量是评估判断力养成效果的体现。为此,教师要制定评估标准,形成可信的评估证据数据。

2019年7月,笔者开展了《在历史学科中培养高中生判断力的实践研究》课题调查问卷,有来自上海、江苏、浙江等10个省市的1067位历史教师参与问卷调查。在数据统计中,有92.5%的老师认为历史学科的判断力指向事实判断和价值判断;有56.98%的教师认为判断力带来的最重要的个人能力提升是将所学知识融会贯通,对复杂的新情境能够重新整合,具有解决问题的能力;85.19%的教师认为落实判断力养成的主要关注点可以是形成问题链,培养思辨和质疑意识;83.51%的教师认为,组织学生进行单元主题的合作探究学习与交流是有利于判断力养成的做法;66.17%的教师认为学生判断力养成的评估的最显性方式是课题论文;40.39%的教师认为在判断力养成的过程中最有挑战性的是判断力养成与核心素养落实的有效结合。由此,我们可以看到,当下绝大多数教师对判断力这个高阶思维能力的培养有着共同价值认知,对如何培养学生的判断力也有着基本趋同的认识。因此,在统编教材即将试点之际,可以将培养高中生判断力的教学实践当作贯彻落实课程改革的重要抓手之一。

参考文献

格兰特·威金斯、杰伊·麦克泰格:《追求理解的教学设计》,闫寒冰等译,华东师范大学出版社 2017 年版。

原文发表于《历史教学问题》2019 年第 6 期

在历史语境中培养高中生判断力的实践探究[①]

《普通高中历史课程标准(2017年版)》强调,"将正确的思想导向和价值判断融入对历史的叙述和评判中",要培养学生"判断史料的真伪和价值""能对各种历史解释加以辨析和价值判断"、要培养学生"对历史事物进行理性分析和客观评判的态度、能力和方法""能够客观评判现实社会生活中的问题"。因此,进行历史学科指向的"评判""判断"等能力的培养,即聚焦学生判断力的培养是教师们在教学中应当重视的。培养高中生判断力的路径可能有很多,其中,基于历史语境,结合时空观念、史料实证等核心素养,通过问题式的单元主题教学,借助学生阅读与写作的过程性学习方式进行判断力的培养,这是一条可操作、可复制的培养路径。基于历史语境建设的高中生判断力培养可以得到教师认可,且有一定教学实践的基础和条件。笔者就此教学实践谈谈个人观点,起抛砖引玉之效。

[①] 本文系上海市杨浦区区级重点课题《凸显"判断力"养成的高中历史语境建设的实践研究》的部分研究成果。

一、历史学科指向下的概念界定

(一) 判断力

从中学历史学科的视角来看,判断力指是个人对历史或现实事件、问题作出独立思考分析、明辨是非的事实判断和价值判断的综合能力,它含有个人的集证辨据、逻辑推理、解释评价、问题解决等能力。其内核是历史思维能力,其外延是解决问题的能力。判断力涉及对知识、方法和观点的判断。其中,事实判断包括对史事真伪、史实推理解释正确与否的主观判断。价值判断是基于事实判断,从来源、性质和目的等多视角来说明对事物不同解释的原因并加以分析,通过特定的时间联系和空间联系,对所发生的事实进行客观评价,并由此对现实社会中的问题提供解决问题的行动指导。事实判断与时空观念、史料实证等核心素养有密切关系,而价值判断是基于事实判断,更多与历史解释、唯物史观、家国情怀等素养有内在联系。事实判断和价值判断最终融于问题解决能力。

(二) 历史语境

王立群先生曾把"历史"分为四种层次,即"真实的历史""记录的历史""传播的历史"和"接受的历史",其中,只有"真实的历史"是真实的,唯一不可重复的,其余的"历史"或多或少都带有记录者、传播者和接受者的主观认知和时代烙印。因此,当我们去接触记录、传播、接受的"历史"时,应该带着客观、质疑、包容、理解的眼光,认识到任何历史事物都是在特定的、具体的时间和空间条件下发生的,只有在特定的时空框架当中,才可能对史事、史实有准确的理解。我们要善于从时代语境、传播语境、接受语境去判断历史记载背后折射的历史和现实信息。

因此,从培养学科判断力视角来审视历史语境,包含着两层含义:一是指向对历史语境的理解,重在对特定时空框架下"记录的历史""传播的历史"和"接受的历史"之真伪的分析和判断。二是指向历史语境理解之上的新情景建设,即教师创设新情景去引导学生解决历史和现实问题,帮助学生深化知识框架的建构和解释判断能力。"历史语境"与"新语境"的结合,可以最大限度地接近历史,理解历史中的人和事,培养学生的证据意识和集证辨据的评判能力,也能让学生形成对现代世界多元化的理解、包容和鉴赏能力,理解不同观点产生发展的历史背景,这些观点对人类社会不同群体产生的历史影响,以及给当代社会带来的积极意义。

二、基于历史语境的高中生判断力培养

(一)以"历史语境"作为史料解读的切入点

"记录的历史""传播的历史"和"接受的历史",其本质都是我们研究历史的对象。历史语境的还原、建构,其本质是培养学生通过检索、阅读、记录、考察等多种途径去搜集史料,对有矛盾或冲突的史料以及对史料作者所呈现的观点、论据、论证过程进行辨析,从中体现学生的事实判断和价值判断能力。

在教学实践中,教师基于史料的研读,通过"基于历史语境的史实还原""围绕历史语境的史识构建""超越历史语境的问题解决"三个视角,去帮助学生深度理解史料所呈现的信息和背后折射的时代特征,并通过提取、辨析、推理、评判四个维度,结合教学内容和目标去设计教学过程中的具体问题。需要强调的是,三个视角的思维层次是逐级递升的,四个维度所体现的个人史学思想和

能力也是拾阶而上的。某种程度上讲,"基于历史语境的史实还原"中的"评判"与"围绕历史语境的史识建构"中的"提取"是衔接的,"围绕历史语境的史识构建"中的"评判"又与"超越历史语境的问题解决"中的"提取"是能衔接的,体现了基于文本阅读和思考的学生高阶思维能力的循序渐进。

(二)以"问题教学"搭起判断力养成的脚手架

判断力的内核是历史思维能力,其外延是解决问题的能力。培养判断力本质上也是在培养学生高水平的历史思维能力和解决问题能力。无论教师采用哪种教学模式,如师生互动交流式、角色扮演体验式等,阅读、理解、分析、建构是学生必须经历的学习思考过程。优质的问题以及问题链,往往成为教师帮助学生达到更高思维和学习水平的脚手架,也更容易让学生构建自己对史事的判断和对史实的推理能力。

比如,在引导学生阅读文本的过程中,教师应该引导学生去思考:我们是从谁的观点、从什么样的视角去理解文本的?这些文本是有意或无意留下的?作者是目击者还是转述人?作者写作或者制作这些文本的动机可能有哪些?我们怎样知道我们所看到的文本内容是可信的?事物、事件和人物是怎样联系在一起的?谁会在乎这些文本中透出的史料信息?通过这史料可以解答我们什么问题?这些框架性的问题其实是帮助学生从认知作者、证据意识、史料价值、史料实证、时空观念、历史逻辑等多元视角进行事实判断和价值判断。当学生基于已学知识去构建自己的历史解释时,教师引导学生反思:为什么这是你的答案?为什么你采用这种方法来获得你的答案?为什么你做出这种预测和评判?为什么你借助的理论合适于问题的解决?教师以批判性的思维方式去进一步加深学生对历史解释的深度认知。

（三）以"表现性任务"作为评估主要方式

教师对提升学生判断力的表现应有预期结果，学生的表现性行为是展示判断力养成的显性、可信的评估证据。这些评估证据包括测验、课堂问答、教师观察、作业、论文撰写、活动展示等，通过表现性的、过程性的真实数据证明学生达到了教师培养的预期目标。无论评估证据是哪种类型的，教师针对事实判断和价值判断的双重培养目标，可以着重三个方面四个水平层次进行评估。

三方面即为甄别能力（即有效辨别史料类型与价值，并进行史料实证的事实判断）、解释评判能力（即论从史出，对历史事物进行理性分析和客观评判，趋向对历史事物或者历史评判的价值判断）、解决问题的能力（即在已有知识和尽可能占有史料的前提下，去尝试思考、解决一些历史、现实甚至未来的问题）。划分三个方面的能力水平层次，可以参考教育部颁布的2017年版《普通高中历史课程标准》中历史学科核心素养的相关内容（见表7）。

表7　不同评估类型的判断力水平划分标准

判断力	水平1	水平2	水平3	水平4
甄别能力	能够区分史料的不同类型、来源和观点；能够辨识历史叙述中不同的时间与空间表达方式。	能够认识不同类型的史料具有的不同价值；能够认识事物发生的来龙去脉，理解空间和环境因素对认识历史与现实的重要性。	能够利用不同类型史料，对所探究的问题进行互证；能够用特定的时间空间术语对较长时段的史事加以概括和说明。	在对历史和现实问题进行独立探究的过程中，能够恰当地运用史料对所探究问题进行论述。

续 表

判断力	水平1	水平2	水平3	水平4
解释评判能力	能够辨析历史解释的合理与否;能够发现这些历史解释与以往所知历史解释的异同。	能够对个别或系列史事提出自己解释;能够尝试从历史的角度解释现实问题。	能够基于时代语境、传播语境、接受语境构建对历史和现实问题的解释,说明导致这些不同解释的原因并加以评析。	在独立探究历史问题时,尝试验证以往的说法或者提出新的解释,符合历史逻辑。
解决问题能力	结合已有知识解决历史、现实乃至未来问题能力弱。	结合已有知识,提出解决历史、现实乃至未来问题的1—2个可行性举措。	结合已有知识,个性化、原创性提出解决历史现实乃至未来问题的3—5个可行性举措。	结合已有知识,个性化、原创性提出解决历史、现实乃至未来问题的5个以上可行性举措。

(四)教学案例

基于历史语境和史料实证的判断力养成
——以"林肯是'伟大解放者'吗?"为例

【教学说明】

在有关美国内战教学中,有一个经常被教师引导学生思考的问题,即"谁解放了奴隶"。林肯在"反对奴隶制"与"废除奴隶制"态度上的变化及变化背后复杂的原因到底是什么?林肯是"伟大解放者"的观点是一种历史迷思还是一种历史真实?这些问题实际上是教师引导学生思考如何理解林肯在废除美国奴隶制度进程中的态度、行为和作用。教师引导学生阅读美国著名历史学家埃里克·方纳的著作《烈火中的考验:亚伯拉罕·林肯与美国奴隶制》,目的在于将林肯放回到他所处的历史情境之中,即用林肯在他的时代写下的文字而不是用现代人的价值观来解读林肯的思想。学生在阅读中感受林肯在不同时期因身份变化、社会环境变化带来的不同立场、不同政策的语境的变化,从而更加客观、真切地理解林肯在反对奴隶制的过程中,从一个温和派走向激进派背后的深层次原因。师生在围绕"谁解放了美国黑人奴隶"这个主题展开教学,学生在提取史料信息中最大限度地实现对历史事实的"重现",教师在进行历史阅读教学过程中不断提升学生基于历史语境的"判断力"培养。

【教学目标】

通过阅读林肯19世纪30—60年代经典的演讲史料,结合考察林肯不同时期身份、立场的变化,推理、判断林肯思想、行为变化背后的深层次原因,进而对"林肯是'伟大解放者'"的观点进行个人评判,最终形成个人对"谁解放了美国黑人奴隶"的深度认识。

【学情分析】

本课是上海华东师范大学版高中历史第四分册《美国的扩张和强盛》中的一目,即"南北战争",高二的学生在初中已学过"美国内战",对美国奴隶制和内战爆发,以及林肯在内战中颁布的文件《宅地法》《解放奴隶宣言》有一定认知。因此,教师在处理高中教材相关内容时可以适度增加文本阅读量,以课前阅读、课中辨析、课后成文的方式展开高中历史阅读教学。

【学案设计】

"南北战争"一课的阅读教学问题可以从"基于历史语境的史实还原""围绕历史语境的史识构建""超越历史语境的问题解决"三个方面进行设计(见表8)。

表8 "南北战争"阅读教学问题设计示范表

	基于历史语境的史实还原	围绕历史语境的史识建构	超越历史语境的问题解决
提取	能够说明林肯是或者不是"伟大的解放者"的史料信息有哪些?	反对奴隶制和废除奴隶制有哪些本质区别?这些本质区别如何影响南北战争的进程?	2017年,美国的夏洛茨维尔骚乱,罗伯特·李将军雕像被推倒,这个事件和南北战争有什么关系?
辨析	基于史料,当时美国民众对林肯废除奴隶制有何不同看法?形成不同看法的原因是什么?	其他历史学家对林肯的评价还有哪些?其依据是什么?	尝试分析南北战争以来,美国种族矛盾的现状及其存在原因。
推理	埃里克·方纳是如何借助林肯的演讲、信件等史料和史学方法来支持他的观点?这些证据的有用性和可靠程度如何?	是什么促动林肯要废除奴隶制?影响一个人作出决定的重要社会环境、时代因素有哪些?	从美国种族矛盾到欧洲难民潮带来的种族歧视,分析究竟什么原因使种族歧视至今在地球还没有消失?
评判	是谁解放了美国黑人奴隶?林肯是"伟大的解放者"吗?	美国内战是一场维护美国统一的战争还是一场废除奴隶制实现个人自由的战争?	种族歧视可以消除吗?如果可以,我们应当采取哪些积极、适当的行为和措施?

【教学片段】

导入(教师):林肯被喻为是美国历史上的"伟大解放者",他签署了《解放奴隶宣言》,废除了在美国存在了两个世纪之久的奴隶制。但到了20世纪80、90年代,林肯的"伟大解放者"的形象开始遭到质疑。有历史学家说,是"奴隶们解放了他们自己"。因为内战开始后,奴隶们逃跑行动成为废奴运动的实际行动。而《解放奴隶宣言》将废除范围局限在处于南部同盟控制下的地区,并没有涉及被联邦军队占领的南方地区。因此,《解放奴隶宣言》并没有解放应该获得解放的奴隶,而林肯发布《解放奴隶宣言》是应时之举,是用政治手段来达到军事目的。与其说林肯是一个"伟大解放者",不如说是"不情愿的同盟者"。对此,你是否认同这个观点呢?请大家结合课前阅读的《烈火中的考验:亚伯拉罕·林肯与美国奴隶制》重要章节,能否引用林肯讲话的一手史料,来说说你的观点。

环节1:学生针对林肯究竟是"反对奴隶制""废除奴隶制",还是"废奴主义者"的讨论

学生1:我认为林肯对奴隶制一直抱有天然的反感情绪,个人的主观意见对废除奴隶制有决定性影响。在1837年,28岁的林肯出任第二任伊利诺斯州议员时,曾说,"我总是认为,所有的人应该自由……每当我听到有人在为奴隶制辩护,我就有一股冲动,想看看他亲身当一下奴隶的滋味"。这表明了他是反对奴隶制的。1862年,林肯甚至说到"在我看来,你们这个种族(黑人)蒙受了比任何其他人民都更严重的错误伤害",这是对奴隶制的控诉。

学生2:我不同意学生1的观点。林肯反对奴隶制不等于就要废除奴隶制。同样在1862年,林肯也说到,由于白人的偏见,"甚至当你们(黑人)不再是奴隶,你们也还远远没有被视为处于与白人种族相平等的地位……因此,'白人和黑人'分离对我们双方都更好"。这其实反映了林肯虽然反对奴隶制,但他是一个种族主义者,他甚至对黑人说到"倘若不是你们种族存在于我们中间,就不会有这场战争"。1858年,林肯说到"黑人的平等!胡说八道!"提议把黑人移出美国,说"我是极力主张把黑人殖民海外的"。所以,我认为,林肯不是废奴主义者,而是一个政客,甚至有点种族主义色彩。

教师:刚才两位同学的观点有点对撞。但你们俩提到三个名词,即反对奴隶制、废除奴隶制、废奴主义者,这些概念在19世纪30—60年代的美国人中有着不同含义。反对奴隶制不等于要废除奴隶制,比如林肯在19世纪30、40年代不主张废除奴隶制,承认奴隶主的财产权应该受到宪法的保护。而废奴主义者更为激进,不仅废除奴隶制,也不给奴隶主赔偿。两位同学举证主要涉及19世纪50年代林肯的观点,林肯到底站在什么立场?1855年林肯说,"你问我现在站在什么立场上。这是一个有争议的问题……说我是一个废奴主义者……我现在所做的只不过是反对奴隶制扩张罢了"。那么到19世纪60年代初,这个立场有没有改变呢?

学生3:没有。虽然1855年林肯作为一个议员提出反对奴隶制扩张的观点,但林肯在1861年第一次就职演说中,由于身份和地位的改变,他的观点更为鲜明。"政府无意干涉各州现存的蓄奴制度。"1862年,林肯给《纽约论坛报》编辑的信里,就写到:"在这场战斗中,我的最高目的是要挽救联邦,至于奴隶制度,既没有想去拯救,也没有想去摧毁。"这表明林肯签署废除奴隶制的文件,仅仅是军事上的权宜之计,他的最终目的是为了拯救联邦。林肯不是伟大解放者。

学生4:我同意同学3的观点,林肯不是伟大解放者,是奴隶们自己解放了自己。林肯颁布的《解放奴隶宣言》是1863年1月生效,但这之前,奴隶们的逃跑行动完全超出了联邦政府的想象,1861年战争打响后几个星期,弗吉尼亚州的奴隶们就主动逃离种植园,跑到北方参军,并获得自由。因此,废奴行动早在《解放奴隶宣言》颁布之前就已实施。在内战中,每3个参战的黑人中就有1个人死于战争。因此,我也认为,林肯不是"伟大解放者",而黑人才是自己的"伟大解放者",林肯最多是"不情愿的同盟者"。

环节 2：学生针对林肯是"伟大解放者"还是"不情愿的同盟者"的讨论

学生 5：我觉得学生 4 的说法是偏颇的。林肯作为联邦总统，在废奴问题上受到多种力量的牵制，内战初（1861—1862 年），他在废奴问题上表现出自相矛盾。一方面他恪守宪法，不从联邦政府的角度实施废奴措施，而是鼓励各州采取自愿废奴的方式。另一方面，他并未否定过国会提出的一系列早期废奴措施，包括同意联邦军队收留逃奴，从而变相赋予了奴隶们自我解放行动的合法性。因此，我们应该从那个时代背景去理解林肯的举步艰难，看到他是一个在内战中不断成长的总统。正如 1864 年 4 月林肯发表的一份公开信上说的，"我生来就是反对奴隶制。如果奴隶制不是错误的，那就没有什么是错误的了。我记不起有任何时候我不是这样认为的、这样感受的。不过，我从来不认为总统的职位给了我不受限制的权力，可以按照这种看法和感受去采取官方行动。……然而，我确实懂得，我那尽全力维护宪法的誓言赋予我责任，以一切必要的手段来维护以宪法为根本法的那个政府——那个国家。……于是，按照我最佳判断，我就只有两条路可供选择，要么放弃联邦，连带一起也放弃掉宪法；要么对黑人问题采取强硬措施。我选择了后者"。

学生 6：我非常认可美国历史学家詹姆斯·麦克弗森的观点："内战中奴隶们的'自我解放'行动对于推动废除进程具有关键的启动作用，但奴隶逃亡本身并不构成政治和法律意义上的'解放'，而只有赢得内战的军事胜利，奴隶们才能获得真正的解放。因此，林肯的确将'联邦'的生存置于'解放奴隶'至上，这是为了保存联邦，因为只有联邦得以生存，奴隶解放才会真实地得以实现，也才能够成为具有法律效力的历史。"因此，我认为，林肯还是一个"伟大解放者"。

教师：刚才同学们针锋相对，举证阐述自己的观点。的确，内战开始后，奴隶们把林肯称作是"伟大解放者"，并且用自我解放的行动来推动林肯去成为这个"伟大解放者"，而林肯最终通过的《解放奴隶宣言》完成了这个使命。《解放奴隶宣言》的历史价值不可小觑，就林肯的立场而言，他从1860年只要求将奴隶制限制在南部，两年之后站到了废除南部境内奴隶制的立场，这对林肯来说是个飞跃，当时的人称赞林肯是"一个不断成长的人"。但林肯却说，在很多情况下，并不是他"在掌控形势"而是"形势在掌控着他"。在内战即将结束之时，越来越多的人劝告林肯撤销《解放奴隶宣言》，因为南方继续作战的原因就是这纸宣言，希望给南方诸州机会重返联邦并且保留他们的奴隶。共和党领袖对林肯说，如果他不这么做，那么他便有可能无法谋求连任。因为人们都将战事的持续归咎于宣言的颁布。林肯是如何处理这些劝告的呢？

环节3：引导学生讨论在特定历史环境中，林肯从温和的反奴主义立场不断走向坚定废奴主义并坚持给予黑人平等立场的转变，以及背后折射出的林肯优秀品性

学生7：林肯回答说：我不能这么做，我不愿在历史上留下背弃给予了他人的自由承诺的名声，我宁愿输掉选举，也不愿这样成为历史的罪人。这与1863年林肯对外公开信里写到的观点一致："与其他人一样，黑人的行动是带有动机的。如果我们不为他们做任何事情，他们凭什么要为我们做任何事情？如果他们为了我们（的自由）而献上自己的生命，他们一定是为那个最强烈的动机所推动——即便只是（一种）对自由的承诺。然而承诺一旦做出，（我们）就必须信守。"所以，我觉得林肯就是一个"伟大解放者"，是给黑人永远的自由。

教师：林肯知道废除奴隶制必须将它写入宪法才不会有人怀

疑它的合法性。宁可总统不做,也给黑人自由。1865年1月,废除奴隶制被正式作为宪法第13条修正案在国会通过,规定合众国内不准有奴隶或强迫劳役存在。1865年12月,该宪法修正案宣布被批准。奴隶制最终被合法埋葬。林肯对黑人解放的贡献是否就止于此呢?

学生8:不是,林肯还要给黑人投票权。虽然这个想法因为林肯遇刺而没有继续,但可以发现林肯是一个不断成长的总统,林肯的伟大在于他的成长,在于他的与时俱进。

结尾(教师):正如林肯说的,"由于我们面临的情况是史无前例的,所以我们必须以新的方式来思考,以新的方式来行动。我们必须首先解放我们自己,然后我们才能拯救我们的国家"。林肯做到了,他改变自己,也给美国人民带来改变。如果说林肯因为签署《解放奴隶宣言》而被认为是"伟大解放者",或许这之中有同时代的其他人合而为之;但林肯用自己的语言、行动重塑了美国自由定义和美国价值体系,这无疑带来了包括林肯在内的美国人民意识形态的革命,从这个角度讲,林肯应该是一个"伟大解放者"。当然,今天我们交流辩论的论据几乎都是从《烈火中的考验:亚伯拉罕·林肯与美国奴隶制》中举证的,但作者对这些原始史料的阐释以及我们对这些史料的理解是否真的能体现林肯本人的思想和选择缘由?有没有其他学者对作者的历史解释有不同的声音?我想我们需要读更多林肯时代的原始史料以及后人的学术研究成果来评析。请同学们以"林肯与美国种族歧视之我见"为主题,结合其他相关著作,撰写一篇小论文。

【评估指标】

"南北战争"一课的阅读教学主题写作可以从"甄别能力""解释评价能力""解决问题能力"三个方面进行评价(见表9)。

表9 "南北战争"阅读教学主题写作评价示范表

判断力	水平1	水平2	水平3	水平4
甄别能力	能够区分作者使用的史料类型,能区分围绕林肯的史实记录和历史解释。	能够认识演讲、信件等史料的价值;能够对其来源和可信度进行考证。	能够结合其他相关证据对作者的论证过程提出质疑。	能够基于已学知识,集证辨据,架构支撑自己观点的论据。
解释评判能力	能够借助作者的观点、论据来阐释个人对作者观点的评判。	能够发现作者的历史解释与以往所知历史解释的异同。	能够尝试从作者(含其他历史学家)所处时代、个人经历、出版商等视角分析不同历史解释、历史结论产生的原因并加以评价。	作出个人对林肯是"伟大的解放者"的评判,建构符合历史逻辑的个人历史解释。
解决问题能力	针对种族歧视的问题,不能结合已有知识,提出如何采取适当的举措来消除或者缓解种族歧视。	针对种族歧视的问题,结合已有知识,提出1—2个适当的举措来消除或者缓解种族歧视。	针对种族歧视的问题,结合已有知识,个性化、原创性提出3—5个适当的举措来消除或者缓解种族歧视。	针对种族歧视的问题,结合已有知识,个性化、原创性提出5个以上适当的举措来消除或者缓解种族歧视。

参考文献

埃里克·方纳:《烈火中的考验:亚伯拉罕·林肯与美国奴隶制》,于留振译,商务印书馆2017年版。

莫提默·J. 艾德勒、查尔斯·范多伦:《如何阅读一本书》,郝明义、朱衣译,商务印书馆2004年版。

中华人民共和国教育部:《普通高中历史课程标准(2017年版)》,人民教育出版社2018年版。

格兰特·威金斯,杰伊·麦克泰格:《追求理解的教学设计》,闫寒冰等译,华东师范大学出版社2017年版。

原文发表于《现代教学》2019年第19期

凸显"判断力"养成的高中历史语境建设

在全球化、信息化迅速发展的当下,面对海量的媒体报道、纷繁复杂的文化评论,人们需要借助一定的知识体系,对信息对观点进行事实判断或者价值判断。这种判断力是21世纪世界公民应具备的核心素养之一。个人的判断力受个人世界观、人生观、价值观的影响,也受到个人思维方式、解决问题的思路和方法的影响。青少年时期是个人判断力养成的关键时期,但现实中,学生们往往习惯"碎片化"的短文本阅读,常常脱离语境去理解文本信息,缺乏在阅读文本过程中的辨析、质疑意识。因此,学科教育在个人判断力养成方面应发挥积极、重要的作用。

为了对当下高中生基于历史学科的"判断力"真实水平有一定了解,笔者主持的《凸显"判断力"养成的高中历史语境建设的实践研究》课题组,在2018年和2019年对参与课题研究的学生进行了课题开展前后的数据调研,来自5个区近2000名学生参与问卷调研。调研数据的结果呈现了凸显"判断力"养成的高中历史语境建设实施的效果。

一、课题实施后学生具备学科核心素养的水平现状

为评估《凸显"判断力"养成的高中历史语境建设的实践研究》

的实施效果,笔者在连贯性实施教学探究的一所 F 校进行了学生问卷调研。以 F 校 2021 届高二全体学生(440 人)、2020 届高三等级班(94 人)为样本进行数据调研,并把这部分学生在 2018 年被调研的数据进行对比分析。在同一群体(2020 届、2021 届)中进行两次与判断力有密切关系的历史核心素养获得能力的调研(百分比得分率),发现无论是时空观念、史料实证,还是历史解释,学生获得这些核心素养的能力都呈现上升趋势。但同时也发现,不同核心素养呈现的进步幅度有很大不同,而且 2020 届和 2021 届群体表现出明显的差异:2020 届的进步幅度明显高于 2021 届。其中原因,除了样本数据的量有大小可能导致数据差异性大之外,另外一个主要原因是 2021 届经历等级考分科后,三分之二以上的学生把历史学科作为合格考科目,这对于学生认真投入历史学科的学习,尤其利用课外时间来进行历史阅读与写作带来一定的不利影响,但即便如此,课题组成员的教学探究还是体现了一定效果,2021 届全体学生在核心素养的培养上取得了进步。

1. 时空观念

从时空观念这一核心素养来看,2020 届学生所取得的进步指数(72.66%→78.37%)明显高于 2021 届的学生(64.03%→65.53%),群体差异性导致数据差异的原因不再赘述。从"时空观念"这一核心素养的进步率来看,两个群体的进步率不高,都没有达到 10%。这说明与时空观念有着密切关系的历史时间轴、地域地理空间等知识技能对学生来说还有很大提升空间。就其中的原因来分析,可能一方面是课题实践的时间短,效果还不够明显,另一方面是课题组成员习惯性地认为这是初中学生应该掌握的基本史学知识和技能,因此在课题实施过程中,对高中生时空观念的培养相对比较弱。

2. 史料实证

从史料实证这一核心素养来看,2020届学生所取得的进步指数(73.61%→83.40%)显著高于2021届的学生(64.05%→71.50%)。两届学生各自在这一核心素养养成方面都取得了比较大的进步,尤其2020届几乎达到10%的进步率。这说明课题组成员在通过长文本阅读指导学生发现问题、探究问题的过程中,非常注重引导学生在对文本本身的真实性、对作者所持观点的逻辑判断、对历史事件的历史逻辑推演等方面能力的培养。但同时数据也显示了学生在运用史料过程中,对史料背后深层信息的挖掘,运用已有史料作为论据去架构自己的事实判断和价值判断的能力还比较弱。这种基于文本和围绕文本阅读的能力需要更多时间来积累。

3. 历史解释

从历史解释这一核心素养来看,两届学生都取得明显进步,两届学生进步率超过或者接近20%,尤其值得关注的是2021届所取得的进步指数(23%)高于2020届的学生(19%)。主要原因在于2021届原来的基数远小于2020届,从绝对值看,第二次调研显示,2020届等级考班级的学生的历史解释素养还是远高于2021届全体学生的。但2021届学生的进步还是令人欣喜的。历史解释这一核心素养与判断力养成有着更为密切的关系,需要学生运用记忆、演绎、预知、推理、判断等能力对问题进行梳理、阐释,提出解决问题或者对历史史实判定的观点、论据,可以说学生在对文本的分析、理解、判断上的能力有了很大的提升。2021届学生进步突出的原因,可能与初高中历史教师的教学方式、史学意识培养方面存在差异有关,但也在某种程度上说明,即使是不选历史等级考的学生,通过课题组的教学实践活动,也部分克服了大多数学生不选历史学科给历史教学带来的消极影响,在历史学科能力上有了比较大的进步,这正显示了课题组研究的成果所在。课题组创设各类历史语境去培养学生的历史判断力,提高了学生基于各类历史语境去进行历史解释的能力。当然,从具体数据分析,学生在阅读文本中,站在文本作者的立场去理解文本表达的意图和作者的目的等方面的意识还有待加强,即超越文本的阅读能力需要提升。

二、课题实施的成效

1. 学生选择历史等级考的学生比例上升

从学生选科角度看,2020届等级考学生对于选择历史的态度基本上没有变化,而2021届学生经过一年的课题组指导下的历史学习,选择人数略微有上升,近100个学生选择历史等级考,这对以理化为重要等级考选科的F校来说是非常不容易的,而且这个选考人数在全上海同类型的学校中也是名列前茅的。这个数据在一定程度上反映了课题组成员的教学取得了一定成效,让学生更多地从喜欢的视角来选择历史学科作为等级考科目。

2. 学生的核心素养能力有一定程度提高

从数据来看,我们不可忽视历史小说、影视剧等媒介对学生历史认识形成的影响,但历史课堂的占比还是最高的。这说明不管是从基础教育学科设置,还是从课题开展的角度看,上好历史课,培养学生正确的历史认识是最关键的。这也证明课题的开展有扎实的学生基础,也获得了学生一定的认可。

从数据来看,经过培养,学生普遍能够认同史料实证的重要性,对史料实证这一历史素养的重要性有正确的认识;同时,作为多选题,有超过3/4的学生对历史知识的来源选择超过三个选项,超过2/3的学生选择了四个选项,说明绝大部分学生都认同历史认识和历史解释的复杂性,知道多角度去获取历史信息,去形成自己的历史认识。

3. 学生参与历史研究的动力有所提升

课题组积极组织高一、高二学生全员参与上海市"博学杯"高中生历史人文素养展示活动,参与历史论文写作的锻炼。课题组教师在学生论文写作之前,开设史学研究讲座,讲解历史论文撰写的基本过程和学术规范,在论文形成过程中,与学生共同探讨论文的选题、史料的搜集等事宜,并对他们的初稿进行有针对性的辅导。通过几轮的修改,学生的论文基本形成比较合格的历史论文,再从中选出比较出色的,由大学、研究院的专家学者进行双盲评选,最终产生优秀的历史论文。从"博学杯"活动过程来看,能够获奖的论文是极少数的,对于绝大部分同学来说,更多是一种历史小论文的写作过程,从中熟悉历史研究过程,习得历史学术研究的方法。通过"博学杯"活动,学生对于各种历史语境有了更深入的了解,对于文本的表层含义和深层内涵,包括文本作者自己有意或无意地渗透在文本字里行间、反映文本作者时代背景、文化背景、立场、身份等信息,有了更加精准的把握。因为他们的写作过程,也是一种利用文本的构建去自圆其说的一种思维锻炼。这种综合性训练的效果,是单纯的课堂教育无法达到的。

4. 教师教研能力得到一定的锻炼

课题组成员开创性地探索了将判断力融于学科核心素养之中进行培养的教学尝试,建构了历史学科中判断力养成的基本教学路径,重点通过单元主题教学、学生课题研究、主题实践活动三大路径,形成了以判断力与历史语境为评估对象的评价指标,积累了在历史学科中培养高中生判断力的典型案例。

参考文献

1. 师曼等:《21世纪核心素养的框架及要素研究》,《华东师范大学学报(教育科学版)》2016 年第 3 期.
2. 蔡清田:《核心素养的学理基础与教育培养》,《华东师范大学学报(教育科学版)》2018 年第 1 期.

原文与叶朝良合作发表于《现代教学》2021 年第 23 期

第二章

教育大计
教师为本

"百年大计,教育为本;教育大计,教师为本。"这是广泛流传的一句格言。学校如何培养教师岗位成才,教师又如何在工作中不断提高自己的教育素养和教学能力,这是许多学校和教师特别是青年教师关心的问题。本章收入的文章,既有作者本人在教师工作经历中的感悟所得,也有冀望青年教师成长的规划建议,更有国际视野的教师培训模式介绍,可为教师职业者的修炼成长提供参考。

幸福,因学生帮你锁住爱的记忆

2020年是我进入复旦附中执教的第26年,26年最大的收获就是学生的回馈,这份回馈不是物质的,而是精神的,他们让我觉得做老师是一辈子的幸福。因为当你遗忘你过去的点滴的时候,总会有一群人能把你的遗忘给勾绘出来,能让你沉浸在昔日的幸福与快乐中。这种幸福与快乐化成一句话:"有你真好!谢谢你帮我锁住爱的记忆!"

故事一: 一堂市级公开课

2019年复旦附中高三学生毕业典礼上,1997届校友王佳梁作为杰出校友回母校给学弟学妹们分享他人生的经历和感悟。在他的致辞中,他讲到了一个和我有关的故事,这个故事一直印在他脑海里20多年。

那是1995年的10月,为庆祝学校建校45周年,学校让我开设市级公开课"科学技术发展与资本主义发展趋势"。这次公开课是我人生第一次市级公开课,对此我非常重视。

公开课那天来了 100 多位听课者,其中不乏大学知名教授、市区级教研员。王佳梁是我开课班级里的一个学生。授课过程十分顺利,我的教学设计几乎完美落实,但就在公开课结束前 10 分钟,当我准备进入教学最后一个环节时,王佳梁突然举手站了起来。

"老师,我对您的观点表示反对!""我觉得垄断资本主义也能给社会发展带来推动力!"王佳梁的质疑一下子打乱了我的讲课节奏,作为教龄只有 1 年的我顿时陷入了紧张之中,一个有强烈批判性思维的 17 岁男孩也把在场的其他学生和老师镇住了。要知道,他的观点在 20 世纪 90 年代是非常超前的。之后的课堂完全被我们俩人的来回辩驳、举证、推理给占满了,一堂公开课预先设计好的结尾化为了云烟。

公开课结束后的第二天,王佳梁来到我办公室。

"李老师,对不起,我把您的公开课给搅黄了!"

"为什么说搅黄了?"

"因为你没有讲完课,全被我给打乱了,课后好多同学都来责备我,说我拎不清,这是李老师第一次市里公开课。这不会给您带来不好的影响吧?"

"哪有搅黄,这就是我们平时真实的课堂,爱质疑的你和经常被拷问的我!"我笑着和他说:"公开课不是作秀的课,只不过多了一些观众而已,真实才是最重要的!"

"是吗?那太好啦!"王佳梁长长舒了口气,带着孩子般真诚的笑容蹦蹦跳跳地回教室了。

在毕业典礼的讲话中,王佳梁说,他中学时代影响他个人品性的老师之一就是我,虽然当时我还是一个非常年轻的老师,但做事唯"真"唯"实"的态度印刻在他的脑海里,也成为他日后学习、创业、处世的准则。

故事二: 一次紧急疏散事件

从 2010 年起我担任复旦附中校友会秘书长,每年 9 月都会组织一年一度的校庆返校日活动。在那一天,我可以遇见久违的学生,一起回忆当年师生的喜怒哀乐。

记得有一次校庆返校日,我的一个学生红霞和我谈起了一件我已淡忘的事情。那是 1998 年的某一天,复旦附中当时还有两栋 20 世纪 50 年代建造的四层红色教学楼,楼里教室的地板都是木头材质,因长年使用缺乏及时养护,有些教室的地板开裂现象比较严重。

有一天,我正好在红霞班级的教室里上课,突然之间,楼上传来一声惨叫,随即教室屋顶靠近门的上方一大片天花板掉落下来,当我们抬头向上看时,发现楼上教室地板塌陷了一个窟窿,居然还有一只脚从窟窿中伸了出来。惊恐的尖叫声顿时充满了教室。

"大家保持镇定,听我命令,什么东西都不要带,快速撤离!"

我跨步到教室门口,打开教室大门,从第一排学生课桌上拿起一本大开面的硬板文件夹,高举在撤离的学生头上,尽可能给学生挡住纷纷掉落的石灰和木头。

"快走,到操场上去,不要回头!"

"快通知总务处老师……"

抬头看着天花板的大窟窿,我非常担心整块天花板会掉下来。有男生说:"李老师,你先走,我来挡灰土!"他被我一把推出了教室外。全班40多人用最快的速度撤离教室,而我也最后一个安全地离开了教室。虽然已被灰尘弄得满脸污垢,但等学生全部撤离到操场后,我们开心地拥抱在一起。

这次紧急疏散事件已经过了20多年了,几乎淡出了我的记忆,现在被学生这么一提,我一下子回到了当时那个紧张的场景。

"李老师,您知道吗,当时我们很感动,因为您是最后一个逃离教室的人,到了操场还一个个检查我们是否安好,我们被感动到了,虽然您当时不比我们大几岁,平时我们也把您当成大姐姐,但那时我们感觉您真的是一个老师,一个值得我们尊敬的老师!"红霞的话一下子击中了我。

对我而言,不足挂齿的处理紧急事件的行动感动了学生一辈子,20多年后还在念叨这件事,我瞬间感到做老师多幸福啊!保护学生这是老师的职责,即便不做老师遇到这种情况,面对孩子们我也依旧会最后一个离开,这是人的最基本的道德反应,但这个行为却被学生记在了心里。这不禁让我深深感到,教育真的是一种行为艺术,教师严于律己、行动示范是对学生最好的教育。

故事三: 一件高考加分的往事

我进入复旦附中就担任团委副书记,在团委岗位上一干就是10年。10年里,我和团学联的一群学生一起成长。在和这些附中最优秀的学生一起成长的路上,我要求他们:真诚无私,严以律己,团队合作,不带功利目的做好各项工作。可以说,我进复旦附中以来,被我批评次数最多、批评得最厉害的学生大概也就是这帮娃了。

高考政策改革前,有一个高考加分项目:上海市优秀干部可以在高考原始分上加 10 分。这 10 分对复旦附中的学生来说,意味着能否选择名牌大学好专业的问题。复旦附中几乎每年都有一个上海市优秀干部的名额,而这个名额往往会在团学联干部中产生。

记得有一年,团学联干部赵明来找我,他说,他非常想报考一所名牌大学某个热门专业,这个专业每年录取的考分都是这所大学中最高的,他担心自己考不到这个分数,希望能通过团学联这条线把他推荐为校级上海市优秀干部候选人,如果在最后评选中胜出,那这 10 分就会圆了他的专业梦想。

听了赵明的想法,当时的我很生气。因为从来没有学生干部这样直白地来找我说要这 10 分。反而在以往的案例里,有一些团学联干部被推选为市优秀干部后,还主动和学校说把这个荣誉给票数第二位的学生,因为他们是学生党员,他们觉得票数第二位的同学也是为学校学生工作付出了很多,这份荣誉不单属于他们个人,而应是属于团学联成员一起努力奋斗的伙伴们的,而且他们相信自己也能凭借裸考分数进入自己的理想学校。事实上,这些主动让出荣誉的学生果真都以裸分考入了世界、中国一流大学。我曾多次被这些优秀学生的行为震撼到。

所以,当我听到赵明的想法时,我一下子懵掉了,"你是不是学生党员?这是学生党员说出来的话吗?"可能我的语气重了,我看到赵明的脸色变得非常难看。

我拍了拍他的肩膀说:"我能理解你的想法,你要相信自己,属于你的东西总归是你的。对你来说,这个 10 分是锦上添花,但对其他人来说,说不定就是雪中送炭!"赵明低头不语,失落地离开了我的办公室。

事后,我觉得自己处理方法太急了,没考虑到高三学子的焦虑情绪。其实,他的想法我是能理解的,毕竟高考决定人生的命运与轨迹,这10分的重要性是不言而喻的。但问题是,这10分对所有高三团学联干部都是公平的,没有一个人可以打破公平竞争规则去得到这10分。这天谈话之后,我一直默默关注着赵明的行为,怕他想不通。

过了一个星期,赵明又来找我。

"李老师,我想通了,您不用多说,我会努力考出自己的水平!"

"真的吗?太好了,我相信你的实力!"

这一年高考,赵明以优异成绩考入自己理想大学的梦想专业。拿着红灿灿的录取通知书,赵明第一时间给我打了电话。

"李老师,幸好您当时给我泼了冷水,否则,我会一辈子感到欠了别人的情,也会在今后道路上没有足够自信去闯荡!谢谢您!"

当我听到电话那头满满自信的话语,我似乎看到了一群复旦附中团学联干部阳光、自信、勇闯的群像,这难道不是学校文化给学生烙上的永恒印迹吗?!

有人说,做教师最大的幸福是永远比同龄人看上去年轻,我想这其中的奥妙在于,教师身边永远有一群"长不大"的孩子,而这些孩子永远会陪着"永不老"的教师一起找回岁月的印记,无论这些印记封尘多久,在有"你"的日子里,它们都是一笔人生最宝贵的财富。

原文收录于上海市特级教师特级校长联谊会编:《静待花开:百位特级谈育人智慧》(下),上海教育出版社2020年版

青年教师的成长是对话
与修炼的过程

"学习是相遇与对话,是与客观世界对话(文化性实践)、与他人对话(社会性实践)、与自我对话(反思性实践)的三位一体的活动。""真正的学习是一种对话与修炼的过程。"①

这是日本著名教育专家佐藤学的观点,笔者非常赞同这个观点。父母、老师、朋友、同事甚至自己的孩子,都是交流、学习的对象;相遇与对话是不变的学习过程,变的只是学习者的知识储备、人生经验和个人素养。一个青年教师的成长,其本质就是不断学习、提升、再学习、再提升的修炼过程,而这个过程中,充满了与客观世界的对话,即与教材的对话;与他人的对话,即与学习共同体的对话;与自我的对话。

笔者所在学校是上海市首批实验性示范性高中,"博学而笃志,切问而近思"的校训激励一代代优秀教师个性化成长。学校非常注重师资队伍建设,注重课程改革,强调教研组建设是把控学科

---

① 曾国华、于莉莉:《专访佐藤学:"学习是相遇与对话"》,《中小学管理》2013年第1期。

质量,拓展学科空间,提升师生素养的重要抓手。作为历史教研组里的特级教师,笔者重要的工作就是帮助青年教师发现他们的短板,激发他们的潜力,提升他们的教研实力,夯实青年教师梯队建设。因此,加强"对话与修炼"、注重"反思与实践"成为笔者培养青年教师的着力点。近两年来,5位40岁以下的青年教师中,获得市区校级教研奖项的3人次;在省市级刊物上发表文章5人,累计发表文章11篇;参与丛书编写2人次;市区级课题立项3人次;担任区级课题负责人的2人次;2人成为校级骨干教师,1人成为区级骨干教师。总结这两年的青年教师培养经验,笔者认为可从提升教师专业基本素养出发,围绕"一个目标、两个拓展、三个坚持"来培养青年教师,为他们的发展提供所需的机会和平台。这些经验和感悟可能对教研组建设有一定启发,望起到抛砖引玉的作用。

一个目标,即帮助青年教师明确个人专业发展的近阶段目标。一般来说,教师专业成长有着共性的阶段目标,如初级教师要会教书,站稳讲台;中级教师要教好书,站实讲台;高级教师要好教书,站响讲台。一个青年教师从合格教师发展到教学能手再发展到学科专家,这是从胜任到原创再到引领的过程。虽有共性规律,但个性特点也是客观存在的,如有的语言表达能力强,有的文字表达能力强,还有的两者都强。因此,资深历史教师就应该根据青年教师的个体性格、专业素养、自身特长,为他们量身定制私人专业发展计划,找准个人最近发展的阶段目标。这个目标可针对个体的短板进行补长,如通过课题立项提升科研能力,通过开设公开课提升教学设计能力,通过开设选修课提升专业学术研究能力,通过设计试题提升试题原创能力等。可以说,个人近阶段专业目标的确定能给青年教师准确的定位,给他们搭建进步阶梯,激发他们成长的内驱力。

两个拓展,即帮助青年教师拓展专业视界和个人潜能。学历史能看到别人看不清的东西；能看到别人看得清却想不明的东西；能看到别人想得清但不知如何做的东西；甚至能看到超越视线局限、别人看不到的东西。视界决定事业的高度，而思维方式决定视界的深度，专业学术的熏陶对拓宽专业视界有很大作用。因此，笔者所在学校的青年教师每年都参加大学历史系课程学习，他们一个学期选择1门课程进修，学期结束参加课程考试。此外，青年教师也可选择跨专业的学术课程。这种进修方式能让青年教师不间断大学学术给养，之后将学习的内容有选择地带入课堂教学。与此同时，学校还邀请各学科专家与青年教师面对面交流对话，无论是小范围的学术研讨，还是大范围的辅导报告，与专家零距离对话成为拓展青年教师专业视界的重要路径。在拓展个人潜能方面，笔者认为一名青年教师要积极承担除教书之外的学校工作，如班主任、年级组长、中层干部等。表面上这些工作会挤占个人的专业备课和学习的时间，但实际上这是帮助个人发现自身潜能、拓展个人视界的一个好途径。因为这些行政工作能让青年教师更广泛接触师生，得到更多的专业之外的学识和技能，能从学习共同体中获得更多的成长经验和教训。当行政工作做得很有成效时，工作的自信会折射成个人对专业发展的自信。其实，做一个多面手的实质就是培养个人"弹钢琴"的本事，而在这个过程中，青年教师学会了如何利用时间、在正确时间做正确事情，学会选择、学会平衡。个人综合素养的提升一定会带来个人专业能力的发展。

三个坚持，即青年教师要坚持阅读，坚持写作，坚持独立思考。阅读是最好的备课，阅读的宽度和高度往往影响教学的广度和深度。教师既要阅读专业书籍丰润自己的史观、史识、史才和史情，也要在跨学科的广泛阅读中收获博学、表达的技艺，以及睿智谦和、海纳百川的情怀。教师的阅读体验往往直接影响教学解读能力。坚持阅读是一个教师必须坚持的教学行为，阅读不应该只是为了一堂课而去"速"读,因为教学素养所体现的思维方式、价值取向绝不可能通过几本书而完全改变,教学素养的提升一定是在"慢"读、"悦"读中汇聚,在滋养心灵和学识的"品"读中自然而然形成,这是一个厚积薄发的过程。坚持阅读是教师专业成长的必要方式,一个青年教师一年精读3—5本书是必须的,如果还能结合写阅读笔记那将更加有收获。

当阅读成为悦读时,由感而发的写作会进一步提升个人的思辨能力和表达能力。写作是自己与自己对话的一种方式。当前很多青年教师害怕码字,一是他们不知道写什么,二是即便知道写什么也不知道如何写。当然,有一部分青年教师码字背后是硬性任务的使然。当写作完全是外在压力而不是内在需求的行为时,这种写作将是不持续的。只有当码字成为字由心生的情感流淌时,成为更好记录自己生命中思想和情感成长的心灵放飞时,写作的意义,即让自己遇见更好的自己才会显现出来。笔者曾要求青年教师每开一堂公开课,就要从教学叙事、教学设计两个方面写2篇文章,即便文章没能发表,这也是对自己这堂课和这阶段成长印记的很好积淀与反思。

一个有思想的历史教师可以让课堂灵动起来,可以把与客观世界对话、与他人对话、与自我对话三者联系起来,从而充分激发学生学习历史的兴趣。比如当学生在学习"二战"期间纳粹屠杀犹太人事件时,教师可以引导学生思考:"大屠杀"事件背后折射的仅仅是特定时代的政治、经济、军事因素的烙印吗?"大屠杀"事件背后所反映的民众的"平庸之恶"该如何避免?这些涉及哲学层面的人类社会问题,其实就是让学生通过历史事件来反思人类文明发展的曲折、反观个体和群体之间的社会关系及互相影响,进而更加深刻认识人类,认识自己。做有思想的历史教师对于青年教师来说,是一个需要学识积累和思维爆发的过程。青年教师在课堂上体现的有思想,一定是让人深深感受到师生之间共同的思维运动,而不是教师在台上唱"独角戏"。思想也是相遇与对话的过程。在成为有思想的教师的过程中,笔者认为青年教师要养成独立思考的习惯。当下,团队合作来打磨一堂公开课是常态,团队合作的方式有利有弊。值得警戒的是,青年教师绝不能成为团队合作打造下的课堂表演者,即便有专家的指导,青年教师也要有自己的独立思考和见解,形成自己个性化的教学案例。青年教师如果长期仰仗团队合作的集体智慧,那将会形成团队依赖症,可能还会丢掉独立处事的自信心。青年教师一定要有在坚持学科育人目标和理念前提下求同存异的胆识。

  世界上唯一不变的事物就是变化的本身。无论对于教师还是学校,最大的危险是不知道落后。青年教师的成长是对话与修炼的过程,成长的最终目标是为了遇上更好的自己。在这过程中,学校和教研组要给青年教师提供成长的机会和平台,而青年教师则要牢记,机会总是给有准备的人。

让教师获得自我价值提升的幸福感

　　打造高素质的教师队伍是学校可持续发展的关键。为教师设计职业发展路线,提供职业发展的平台和机会,并在发展中不断给予过程性指导,是学校高质量办学的必要措施。国际上教师发展的职业路线一般有三类。以新加坡为例,一类是教学型教师,注重培养教师的专业教学能力;一类是领导型教师,注重培养教师的管理领导能力;一类是专家型教师,注重培养优秀教师成为教育家。三类职业路线的目标定位清晰。而国内国际学校的教师,其职业路线的方向、培养路径并不清晰。以专家型教师为例,国际学校没有体制内专家型教师成长的可视化路径,缺乏体制内市级层面举办的"名师名校长"培养基地、各类区级名师工作室,职称晋升也没有十分通畅的阶梯,这一定程度影响了国际学校教师职业发展的动力,进而影响到学校教学的质量。为此,融合中西方教师职业发展模式的优势,从"高度、广度、效度、温度"四个视角创设国际学校教师职业发展的路径和措施,可以实现教师自我价值的提升,增强教师的职业归属感和幸福感。

高度： 明确职业发展的阶段性目标，注重弹性

职级晋升固然是教师专业发展的目标，但有责任和使命感的教师不会把职级晋升作为职业发展的唯一目标，而是把"为人、为师、为学"的高境界追求内化于心，并在育人的理念、行动和效果上得以体现。在职业发展路径不清晰的情况下，国际学校更要引导教师树立职业的目标和追求，因为机会总是给有准备的人的。为此，学校应引导教师制定个人年度发展目标及行动计划。目标可以是短时段的，如上好一节公开课；目标也可以是长时段的，如创新一门选修课或者合作完善课程建构。这些目标推动教师走出个人的舒适区，帮助教师不断发现、认识自己，不断取长补短。在这过程中，学校里的教研组长或行政领导应给予过程性的指导意见和反馈，对阶段性目标进行弹性调整，既不高压也不低定，不仅不给潜质较强的教师设限，而且要引导这些教师跨出教学型、领导型、专家型的分类，从全面发展的终身学习者视角设计个人职业发展规划，激发个人潜力能。

广度： 提供职业发展的平台和经历，注重多元

教师的职业发展除了有明确的目标之外还要有相应的修炼成长平台。除专业培训平台外，教师的跨领域实践也是建构高质量师资队伍的重要保障。比如，针对中教教师，可以从培养融通中西课程的视角出发，为教师提供参加市区相关教学培训和比赛的机会，市级层面的青年教师教学基本功大赛和"双校长名师"培养基地都

应该有国际学校中教教师的身影。又如,针对全体中外教师,可从培养复合型人才的视角出发,为教师提供多岗位轮岗的机会,把领导型与教学型、专家型教师培养目标结合起来,将中西方先进的办学思想、思维方式、运作模式有效融合,为教师制定个性化的"双肩挑"成长方案,通过行政岗位的历练和履职经历,让教师能从更高站位、更有前瞻性的视界去发现、思考、解决教学中生成的各种问题。

效度: 树立优秀教师的标准和榜样,注重激励

进行教师的年度绩效考核,是学校旨在树立优秀教师的标准和榜样,以点带面建构高水准教师队伍的重要措施。但在国际学校,一些外教很难理解考核的目的,质疑考核的标准是否公平等。因文化背景不同,他们往往更愿意接受完成合同的"合同奖",却很难理解基于实际工作成效的"绩效奖"。世界上没有完美的评估方案,评估的目的是发现进步、鼓励进步,发挥优秀群体的引领示范作用,进而形成有效的内驱力文化。因此,即便教师对考核方式有存疑,学校也应该有激励优秀的导向。比如,设立"校长奖",奖励开拓创新的教职工;设立"绩效奖",奖励年度绩效突出的教师。为体现考核的公平性、公开性、公正性,全体教职工都可以参与优秀教师标准的制定、评估实施方案的制定,通过全员参评互评,形成对学校激励文化的认同。这是国际学校留住优秀教师、使教师实现自身价值感的重要路径。

温度: 营造平等民主的社区文化氛围,注重关爱

国际学校教师的流动性比较大,尤其外教喜欢在工作流动中

感受中国不同城市的文化。这种情况在一定程度上给学校办学带来不稳定因素,甚至影响到学生学习的成效。国际学校特别需要打造一种平等、民主的社区文化氛围,当教师感到自己的想法被倾听到了,自己的价值在"被需要"中体现了,自己的努力被看到了,那他们会更乐意去做好学校的每一项工作。乐倾听、被需要、被关爱,学校的人文温度是教师能长久留在学校的重要因素。因此,学校应创造更多的团建平台和交流互动活动,让教师不断感受到学校不仅是一个工作的地方,也是一个情感回归的家园。只有在这种温暖的文化氛围中,把职业当成事业来做的价值引领才能水到渠成。

原文发表于《上海教育》2020年第14期

微平台、深交流、广分享
——教师跨国跨专业培训模式的案例分析

"百年大计,教育为本;教育大计,教师为本。"中小学教师专业培训是提升教师专业素养,挖掘教师潜在能力,保障学校教学质量,适应全球化教育时代特点的必经之路。目前,我国的中小学教师培训模式可分为"政府培训模式"和"项目培训模式"。"政府培训模式"注重于师资队伍整体宏观的战略发展需求;"项目培训模式"关注教师微观个性的专业发展需求。[1] 如果从"项目培训模式"这个角度来看,上海的中小学教师培训以听专家讲座和报告的单向式培训模式为主,缺乏个性化的"量身定做",这一定程度上影响到师资培训的成效。

近年来,美国和欧洲在中小学教师培训项目上展开了有意义的探索,如美国的问题式培训,以关注教师身处的现实情景和面对的实际问题为主,让培训的教师参与培训问题设计、问题解决的整个流程中[2],这在一定程度上激发了教师学习的主动性;又如欧盟进行了"夸美纽斯计划",欧盟中小学教师每年有上万名参加跨国培训,目的在于创造欧洲教师流动的平台,在流动交流中,改进教

---

[1] 孙二军:《浅析中外中小学教师培训模式改革的现状及趋势》,《新西部(理论版)》2011年12月期。

[2] 冯大鸣:《美国以问题为中心的教师培训模式》,《中小学教师培训》2002年第1期。

学方法和理念,提升教师的专业素养和教学技能。这些注重合作、交流和分享的培训项目取得较好的成效。

结合国外教师培训模式的有效经验,并针对上海中小学教师"项目培训模式"有待改进之处,复旦大学附属中学用国际视野来审视师资培训工作,大胆尝试教师跨国跨专业培训模式,通过携手FHAO(Facing History And Ourselves)国际组织,选派语文、历史、政治、英语等专业的老师参加FHAO的短期项目培训,在提高教学理念、更新学术信息、掌握教学新方法等方面取得一定成效,达到了微平台、深交流、广分享的有效成果,可以说,为创新上海中小学教师培训模式提供了一个成功的案例。笔者借此抛砖引玉,希望未来的上海中小学教师培训能积极创设跨国培训的平台,在全国率先改变教师项目培训实施的单一模式,符合经济全球化时代教师培训发展的新趋势。

微平台、深交流、广分享

微平台,即复旦附中携手国际组织FHAO,为教师提供培训的平台。国际组织FHAO成立于1976年,是一个通过探究历史及人文科学,指导教师进行"批判性思维与教育设计",并进行"有效教育方法论"研究的非营利性教育研究机构,总部位于美国波士顿,在美国各主要地区均有分支机构,在伦敦、巴黎、卢旺达等城市也设有国际教育研究中心。复旦附中是FHAO在中国的首批合作学校,从2008年开始,FHAO每年给复旦附中教师1—2个全额奖学金名额参加波士顿的国际教师培训项目,至今复旦附中已有8位教师参与过这个培训。复旦附中与FHAO联合共建的微平台,旨在让不同学科的中国教师与不同国籍的教师就教育教学展开研讨,彼此提供经验和思路,提升教师专业素养和教学技能。

深交流,即在国际教师培训的微平台上,各国教师围绕专题展开深入、即兴的交流。FHAO 培训借助历史事件,如围绕纳粹在"二战"中对犹太人的屠杀活动这一主题,引导教师展开对人性之善恶、人类之发展等深层次的反思。FHAO 为教师提供丰富的教学资料和信息,包括文字、影像、口述等国际学术研究最前沿的资料和最新的研究动态。培训期间,老师还可以向 FHAO 借阅很多市面上很难看到的资料、藏书。培训教师被 FHAO 分成若干小组,每一次培训都以讨论、提问、交流为主要流程,针对一个问题逐一发表自己的意见。当参与培训的教师表达完自己的想法后,FHAO 的教官会就培训者的发言提出自己的看法,赞扬并鼓励你的发言,但不会对回答作出对或错的结论。这是一种开放式的交流,没有专家一讲到底,有的只是学员对自己手里的教学资料和信息的深入交流和探讨。在交流中,教师们分享自己的教育理念和教学方法,同时也感受他人的教学长处和经验。很多教师在培训后感到培训内容充实,信息量很大,无论是教学理念还是历史信息方面,都对今后的教育教学工作极有帮助,并且在美国培训期间的见闻也为拓展课程"美国移民文化"的开设提供了丰富的资料。

广分享,即通过国际教师培训的微平台,参与培训的教师分享并获得了有助于教学的技能、专业知识和教学理念。从技能而言,FHAO 课堂教学的方法很有新意,课堂培训用形式多样的活动来深化主题。如除了分组讨论之外,FHAO 教师设计出各种结队游戏和教学方法,其中有一个名叫 Silence Talking 的活动让参与培训的老师很受启发。FHAO 教师准备了海报大小的纸,针对提出的话题,每个人可以把自己的看法写在纸上,然后可以四处走动,看别的小组写在纸上的观点,你可以就别人的意见发表看法,也可以回答别人的问题。在这一过程中什么问题都要写在纸上,而不能讲话。Silence Talking 给了参与者更多沉思的空间,这样的笔谈少了唇枪舌剑,多了些趣味,对于启发思路、培养思维很有帮助。FHAO 的整个培训设有许多讨论环节,学员们尽情表达对历史事实的情绪反应和理性思考,也积极探讨让学生与历史对接的教学方法。在培训中,各位老师深深感到历史学也是人学。

育氛围、搭桥梁、重实践

育氛围,即学校要倡导教师勇于突破自己的专业,营造积极参加跨国培训、开拓视野的校园文化氛围。从某种意义上讲,跨国培训是一种双向的教育交流:处于教育改革中的教师需要走出国门,向别的国家同行学习经验;同时,中国也借助这个平台展示中国的教育现状和理念,这有利于经济全球化背景下国与国教育信息的对称。自 2008 年起,FAOH 曾多次派人来复旦附中考察,并就复旦附中与 FHAO 开展培训合作、教师及学生双边交流项目、学术研究等后续合作进行了深入探讨。复旦附中与 FAOH 就师资培训的形式与内容、人文历史教育的内涵挖掘等进行了深刻的交流,期望在互相学习、互相了解中,求得培训的共识,达到培训的共赢。教师跨国培训的实施,需要学校主动引导,培育氛围,也需要参与培训的教师积极挖掘自身潜力,并主动将学习成果运用于实际教学中。

搭桥梁,即在培育氛围的过程中,学校要努力寻找可以搭建的跨国培训桥梁,通过创设平台,让教师走出国门,了解当今世界基础教育发展的趋势和现状,提高教师教学水平,发展学术专长或特长,以适应培养学生全面发展的需要。2011 年,复旦附中共有 18 位教职工到美国、英国、澳大利亚、新加坡、日本等国进行文化交流。至 2012 年,复旦附中出国进行文化培训和交流的教师达 57 人次。这些国际培训和交流活动既开拓了教师的眼界,也提升了教师自身的学养和素养。在走出去的过程中,学校也注重通过桥梁将国外专家引进来为教师进行教学演示。目前,复旦附中与 13 个国家、地区的 26 所顶尖中学建立了姊妹关系,定期组织培训交流活动,同时也与 ASSIST、ISE 等国际组织合办交流项目。这些交流活动提升了复旦附中的国际知名度,不断有海外知名专家来到复旦附中向教师作关于材料深层次阅读方法探究、关于 silent conversation 的运用与体验等内容的讲座。学校搭建桥梁,创设平台,让更多教师在跨国培训中受益匪浅。

重实践,即在搭建桥梁的过程中,学校要积极鼓励教师将所学的教学理念和教学方法运用于实际的教学活动中,通过课题研究、微调研报告、公开展示课等途径,体现培训的喜人成果。复旦附中的历史教研组有近 50% 的教师参与过跨国培训项目,他们将培训的理念变成实际教学的尝试,取得了很好的成效。历史组在近两年全校各个科目受学生欢迎程度的打分中两次位居第一,学生给历史教师的打分也位居全校所有教师的前列。在此基础上,2012 年 8 月,复旦附中联合新加坡华侨中学、南洋女中、新科技中学、英国 The Perse School、澳大利亚 Scotch College、美国 Menlo School、北京大学附中、中国人民大学附中、上海市第三女子中学共同发起成立 SAGE(国际教育合作联盟),旨在让世界教育领导者通过最优合作,促进全球教育事业的发展,培养适应经济全球化的全面人才。通过来自不同区域(欧美和亚太)学校的联合形成一个广阔的教育平台,引导学生理解多元文化的世界,在不同的文化背景中互相尊重,共同合作,交流各自专长,从而形成对全球教育的影响力。

经济全球化时代,随着信息技术的迅猛发展,"以课堂为中心,以书本为中心，以教师为中心"的传统教学模式将改变，由"以我为主"的教师培训模式逐步向"量身定做"的个性化模式转向。在这个转变过程中，跨国培训是其中可以操作的有效范式。跨国培训可以为教师提供一个宽广的平台，让他们在这个平台上尽情思考和学习。由于国与国之间存在的差异性，在国际培训的交流与分享中，教师们应懂得如何取其精华，结合中国教育的现状，汲取适合中国教育事业的经验和方法，并将这些收获实践于课堂。当然，能够持续推进这项工作，还需要国家、学校、个人多方位并举。国家、学校应给予充分关注，国家以政策支持，学校以项目支撑，鼓励教师通过竞争获取培训全额资助。

原文由李峻、王雯合作撰写，发表于《中学历史教学参考》2014年第8期

读写共进　合作共赢

2018年，由复旦大学附属中学历史特级教师李峻领衔的"历史学科教学模式转换：以阅读与写作为中心的建构"团队经历3年的发展，取得了丰硕的成果。团队研究的成果获得上海市基础教育教学成果一等奖。所有成员都成为各区学科带头人、骨干教师、名师后备或者教学新秀。新课题《凸显"判断力"养成的高中历史语境建设的实践研究》被列为杨浦区2018年重点课题。由于团队取得的出色成果，2018年，李峻以上海市第三期"名校长名师工程"学员和首届上海市"骨干教师团队"领衔人的双重身份，作为唯一的教师代表，在全上海中小（幼）校长（园长）培训会上作主旨发言。

李峻团队以课题为研究载体、以任务驱动为发展抓手、以教研活动为实践平台，以专家指导为学术辅助，最终达成团队建设和个人专业成长的双赢目标。反思团队成员迅速成长的关键因素，团队领衔人觉得以下两点甚为重要：

第一，以阅读合作的路径提升教师教学的基本功。团队成立以后，在合而不同、交互共赢、共商共建、众筹分享的思想指导下，成员们互帮互助，亲如一家。不管是团队成员的全国、市区比赛或展示课，还是市区级课题的立项，一旦谁有公开教学和课题申报，大家不分白天、黑夜，从备课到上课，从上课到听课，从活动统筹到组织安排，群策群力，积极分享自己的智慧和贡献自己的力量。据统计，2018年，团队中有5人开设5节市区级公开课；成员在一年里阅读专业书籍达8—15本，有了足够的阅读量，教师的视界打开了，更容易发现自身的思维模式和学术理论的短板，由此更加努力去夯实自己。可以说，在核心成员的示范引领下，大家合作共进，精神面貌焕然一新，从而在团队中遇见了更好的自己！

第二，以论文书写的方式提升教师的史学理论素养。在实践的基础上，团队领衔人鼓励成员积极思考，摆脱"走一步看一步"的实践低效率局面，要求每个人形成基于实践的论文，在书写论文过程中，提升理论水平，优化课程体系。如以"阅读能力"这一基本素养为基点，团队成员曾根据自己的教学心得，从"教师'走心'""集证辨据""问题意识""情感培养""思维能力提升"等角度写作了一组文章，在《中学历史教学》上专题发表。围绕高中历史教材、历史名著、影视作品等历史阅读教学，团队成员的组稿发表在《中学历史教学参考》上。2018年，团队成员又结合核心素养与开发历史德育资源的话题，在《现代教学》发表了一组围绕"家国情怀"的文章，将日常教学的点滴体会和反思融于铅字之中。此外，2018年，团队部分成员参与复旦大学出版社组织的《读史识中华》一书的策划组稿，并出版《高中历史教学哲思录——李峻团队教学实践与思考成果集》《（2016—2017）博学杯：海上的记忆与寻踪》等书。就这样，在"初步教学实践→理论总结→深入教学实践→理论再总结"的专业成长的不断循环中，团队成员们获得长足的进步。

没有完美的个人，只有完美的团队。仰望星空，脚踏实地，这或许就是李峻团队取得些许成果的关键。

原文发表于《中学历史教学参考》2019年第3期

提升国际课程任课教师
个人素养的路径探究[①]

国际课程授课教师因人数规模有限且外籍教师流动性较大等问题难以保证专业教学水平,因此提升国际课程任课教师素养成为迫在眉睫的问题。本研究聚焦于教师个人素养提升,通过国际课程任课教师个人素养发展现状的调查与分析,在实施层面探索适合国际课程任课教师个人素养提升的路径。

一、国际课程任课教师个人素养发展情况调查与分析

通过在线问卷,我们对国际课程任课教师个人专业素养发展情况进行了调查,最终收集到来自北京、上海、广东等8个省市及国外的86份有效数据,并使用了频数分析、卡方拟合优度检验和多重响应交叉等分析方法。具体调查结果如下。

问卷第一部分涉及教龄、最高学历、职称、是否有海外求学或工作经历、目前及曾经任教的国际课程、课堂教学语言等教师基本信息。调查显示,国际课程任教教师具有年轻化、高学历、任教课

[①] 本文是复旦附中国际部《提升国际课程任课教师个人素养的路径探究》课题的研究成果,课题组成员为李峻、张建国、楼佳妮、吴晓霞、张墨谦、陆晓燕、王楠。

程多样化、本土化等特点,授课语言中英文并举,但大部分未进行职称评定。在任教的多种国际课程中,IB 普及率超过五成。

问卷第二部分调查了国际课程教师个人专业素养的内容、养成路径、评估方式和制约因素。关于专业素养,大多数人认为"教学科研能力"是教师的立身之本,"思维能力"和"沟通能力"紧随其后,"对多元文化的理解包容及国际视野"位列第四。国际课程任课教师认同的个人素养养成路径前四项依次为:"课堂观摩和专业对话""跟随校内带教教师/导师学习""参加专业学习社区"和"参加各类短期专题培训讲座"。此外,超过半数人认为"为教师建立奖励和表彰制度"对教师个人素养的提升起到了重要作用。

国际课程任课教师更认同"由他人给予过程性评价"与"教师自我评价",同时认为制约国际课程教师个人素养发展前三位因素依次为"教师的工作环境不能保证参加专业学习的时间、学习资源、经费等""国际课程任课教师的薪酬体系、待遇不合理"和"现有政策不支持国际课程任课教师的专业晋升通道"。

二、提升国际课程任课教师个人素养的有效路径探究

结合本次调研数据和复旦附中公办学校国际部的定位和办学特色,以及以 IB 课程为例的学生培养目标,本研究认为适合国际课程教师专业发展的有效途径及具体实施策略主要包括以下四个方面。

第一,终身学习是国际课程教师专业素养发展的基础路径。以 IB 课程为例,其学生培养目标中明确指出要培养"探究者"和"知识渊博的人",这就要求国际教师自身也要不断加强理论建设与专业学习,包括以下五个途径。

(1) 国际部自身组织的专业发展培训和学校提供的校本

培训;

(2) 教育管理部门提供的学科专业培训和新入职教师的培训;

(3) 美国大学理事会等国际课程项目组织的线上教师培训和考官培训;

(4) 美国大学理事会等国际课程项目组织的线下教师短期专题培训(IB 的工作坊、Job-alike Day 和 AP 教育峰会等);

(5) 教师的自我学习(阅读学科专业、教育教学和学生管理方面的书籍,学习新的信息技术等)。

其中,前两项主要形式为讲座,对国际课程的教育教学针对性不强,但在教育前沿理念的传达上有一定的帮助;第三、第四两项主要形式为线上培训和线下专业教师研讨集会,对国际课程的专业教学针对性较强;第五项注重教师自我发展意识和专业发展能力的提升。

第二,同侪合作是国际课程教师专业素养发展的重要方式。以 IB 课程为例,其学生培养目标中明确指出要培养"交流者"。同样地,国际课程教师也需要来自同事和同行的帮助与支持,学校应鼓励教师进行校内或校际合作,为教师提供互助和交流的平台,这是促进教师专业发展的一项重要措施,包括以下四个途径。

(1) 针对新入职教师(第一年的见习教师)的学科带教和班主任带教;

(2) 教研组内部的课堂观摩和专业对话(听课、评课活动);

(3) 跨学科、跨部门的课堂观摩和专业对话与教学合作;

(4) 校际课堂观摩、专业对话与教学合作。

第三,教学科研是国际教师专业素养发展的有效载体。以 IB 课程为例,其学生培养目标中明确指出要培养"思考者"和"反思者"。对国际课程教师来说,参加教学比赛的机会不多,公开课和科研是"思考"教学内容与"反思"教学效果的重要机会,与之对应有三种途径。

(1) 国际课程公开课展示的平台;

(2) 撰写教育教学论文发表的途径;

(3) 参与教育教学课题研究的机会。

第四,制度建设是国际课程教师专业素养发展的有效保障。建设一支专业、高素养的教师队伍,一定离不开学校先进的管理理念和运营制度。提供必要的保障是推动教师素养整体水平提高,满足教师个性发展,充分发挥其积极性和创造性的必要条件。学校可提供以下五方面的保障。

(1) 专门的教学及教研指导委员会的设立;

(2) 专业的学习资源和经费的保障;

(3) 职称评定和晋升通道的支持;

(4) 教师专业发展奖励计划;

(5) 有竞争力的薪酬体系的设计。

三、国际课程教师专业素养成长案例与成效

为检验以上四种路径对国际课程教师专业素养提升的效果,我们对复旦附中国际部从教国际课程的六位教师进行了个别访谈。受访教师针对四大路径中的 17 项小路径分别进行了阐述,根据自身案例,做出了效度分析。

第一,所有受访教师均认为终身学习是国际课程教师专业素养发展的基础路径。其中线下培训的方式,在国际课程项目的内涵理解、教学实践方面对教师们的帮助最大。2018—2019 学年,复旦附中国际部每位教师参加过至少一次针对国际课程的专业培训并进行分享。另外,阅读专业相关和学生管理方面的书籍也是

教师们最普遍的自我学习途径；有的教师还通过新的信息技术（如微信教育类公众号）进行学习或参加了更高一级的学历教育。

第二，与调查问卷中"课堂观摩和专业对话"和"跟随校内带教教师、导师学习"是提升素养最有效的两个路径相一致，受访教师也肯定了同侪合作作为国际课程教师专业素养发展的重要路径。其中，新教师带教工作是教师专业成长的基石。"我不仅在职初阶段作为新教师得到了有经验教师对我的指点，后来我作为带教老师给予新进教师反馈的同时，也对我的个人专业素养有所帮助，促使我学习更多的新技术和改进基于研究理论的教学实践。"（楼佳妮老师）从教师合作的形式来看，教研组内部的合作备课和听课评课活动仍是最为常见的合作形式。

第三，"教师最基础的还是要上好课。"受访教师无一不强调了教学这一提升教师专业素养的主要阵地，并认为科研对反思改进教学活动起到了重要的作用。复旦附中国际部每年都举办全校公开课活动，每位教师在一学年中至少讲授一堂公开课、观摩一堂公开课且给予评价，2018学年公开课的总体评价在8—9分（满分为10分）。在撰写论文和参与研究方面，复旦附中国际课程管理与教学的中国籍教师三年内（2016—2018年）共发表论文25篇，完成市区级课题共7项，并获得若干重要奖项。

第四，受访教师还强调了制度建设的重要作用。从复旦附中国际部设立的教学与教研指导委员会来看，委员会成员既有来自大学的教育学专家，也有中学的特级教师。"他们在宏观尺度上对教师的专业发展给予指导，与教师个人在微观尺度的教研相结合，可以更有效地推动教师的专业发展。"（张墨谦老师）在资源保障方面，复旦附中国际部每年都会留出国际课程专业培训的预算；协助教师发表论文并设立教师专业发展奖；国际课程教师也可参与职称评定，参与市区级骨干教师和工作室的学习；学校还为国际课程教师提供有竞争力的薪酬,运用多种措施激励教师提升专业素养。

　　国际课程教师个人素养是影响国际课程有效实施的关键因素。国际课程教师的教学对象、教学环境、教育理念和管理模式与国家课程教师有所不同,这决定了国际课程教师个人素养提升的路径也有其自身的特点。我们结合校内外国际课程任课教师的调查问卷以及本校国际教师专业成长案例的分析,用实践证明了以上四点培养路径的有效性和可操作性,为国际学校和国际课程任课教师提供了一些参考。

参考文献

1. 杨苗苗:《全球化背景下教师国际思维发展的意蕴、困境与路径——基于IB课程教师的考察》,《贵州师范学院学报》2018年第2期。
2. 任超群:《国际理解境域下国际文凭课程的教师专业发展——IB教师培训策略研究》,首都师范大学硕士学位论文,2014年。

原文发表于《现代教学》2019年第23期

以品牌课程促进教师的全方位发展

复旦大学附属中学国际部是公办的上海市外籍人员子女学校。目前,有来自世界近 30 个国家(地区)的近 400 名学生就读,覆盖基础教育全学段。2007 年,复旦附中被美国大学理事会授权开设 AP 课程,2010 年,复旦附中国际部获评国际文凭(IB)学校。自创办以来,复旦附中国际部采用全英语小班化授课模式,在不断吸取国际先进教育教学理念的基础上,依托复旦附中的优质资源,以学生为中心,把培养具有国际视野、融汇中西方文化的优秀人才作为办学目标,尤为注重自主学习、独立思考能力和探究精神的锤炼。近 5 年,国际部报考美国大学的毕业生中,90% 进入美国排名前 50 的大学,在报考国内大学的毕业生中,93% 进入北大、清华、复旦等 985 学校。1—10 年级学生参加美国第三方测评机构 NWEA 组织的 MAP 考试中,成绩优秀,尤其数学水平领先东亚、远超美国当地学生。

"我们看重的是复旦附中的品牌和国际部中西融合教育",这是报考复旦附中国际部的学生家长们说的最多的一句话。近几年,国际部在传承复旦附中博雅教育理念下,在教育教学上有了更高的发展目标,就教学而言,那就是"尊重国际标准,凸显中国特色,融入复旦元素",打造一支高素质的、能胜任创新国际课程的优秀教师队伍。

一、面向世界和未来,建构多元融合的课程体系

满足全面素质发展和创新人才培育需要,是国际部建构多元开放的课程体系和教学机制的目标。作为一所小而精的国际学校,发挥国际部教师一专多能的教学优势,充分利用复旦附中的优质课程资源,引进校外的特色培训课程,合力打造国际部的品牌课程,这是国际部课程体系建设的主要路径和着力点。

目前,国际部的课程体系分为三大类别八个板块,即11—12年级的IBDP课程体系,1—10年级的融合课程体系,1—12年级的拓展课程体系。其中,IBDP课程体系是学习IB国际全文凭的相关课程。融合课程体系是必修的基础课程,是经过教师选择部分中国统编教材学科内容、复旦附中品牌课程内容而融合建构的带有中国文化特色的课程,既体现中西教材的整合,也体现中西文化的融合。拓展课程体系由复旦附中100多门拓展课和国际部AP课、ASA课组成,是学生个性化选择的必修的选修课程。三大课程体系按照课程的主要内容和培养方向,下分八大课程板块:人文与经典、语言与文化、社会与发展、数学与逻辑、科学与实验、技术与设计、艺术与欣赏、体育与健康。

比如在融合课程体系中,1—8年级的数学课、中文课都融入了中国统编教材中适合国际学生的学习内容,数学课增加了基础计算能力的学习内容,中文课增加了中国传统文化诗词的学习。在拓展课程体系中,学生可以选修由复旦大学知名教授执教的微课,也可以选修当下热门的课程,如"科学与实验板块"课程板块中的"科学创客空间"课,同时,鼓励学生利用学校的机械实验室、热实验室、电磁实验室、光学实验室和数字实验室等资源,进行与学

科相关的各类实验,通过实验获得数据,原创性进行科学课题和论文的撰写;还有小学的"机器人编程"课程,学生在组装机器人的过程中锻炼了动手能力,同时在编程学习中提升了思维能力。

在建构课程体系时,国际部非常重视学科本身和学科之间的有效衔接,特别关注在对比中西学科课程标准之下研制自己的学科课程标准。以小学部为例,数学、英语、中文、科学等中外学科教师比较了美国、英国乃至东南亚不同国家不同地区的学科课程标准后,结合国际部学生整体的学习经历、知识储备、家庭背景的情况,制定了符合建构主义和"全人"培养理念的课程标准,体现了以学习者为中心和终身学习的价值观。比如,小学的数学课程标准在强调知识与技能同时,突出培养学生用数学方法去解决真实情境下真实问题的技能,并发展学生对数学的欣赏、对数学原理的理解,同时,又强化了中国数学的计算能力,体现了"尊重国际标准,凸显中国特色"。而小学和初中的中文课融入了复旦附中品牌课程"中国人"和"中华传统文化优秀基因现代传译课程"的部分学习内容,培养国际生对中国传统文化的认知与理解,明白自己的生命所自、文化所之,明而感知、感而爱之,进行古今生命的对话,体现课程的"复旦元素"。

二、彰显教研结合与团队合作的师资队伍建设

教学质量水平在一定程度上取决于教师教学能力的整体水平。注重专业技能的培养和学术水平的涵养,这是国际部打造强有力的教师队伍的重要目标,而教研结合和团队合作是达到这个目标的重要抓手。目前,国际部教师平均年龄 35 岁,其中不乏名牌大学毕业的中外籍博士、硕士和海归的教师,不同的教育经历和文化背景形成了多元的思维碰撞,这在一定程度上有利于国际部

教学模式、教学手段的创新。为了能够相互学习,国际部要求每位老师每年上一次公开课,用公开课的形式来推进教研组合力,研磨教学设计,提升教师的专业技能。同时,国际部邀请学术指导委员会专家、外籍专家、IB 课程专家、上海市特级教师和正高级教师来现场听课指导点评,从而推出了一些精品课程和一些能上"好"课的教师,营造了融合中西方教学优势的公开课文化氛围。

除了能上"好"课外,国际部向教师们传递了正确的教育科研价值观,即教学与科研是一个整体,科研可以促进教学的提升,并鼓励教师以"学习共同体"的方式,通过研究课题、撰写学术论文来合力提升教师们的职业成就感。近两年,国际部教师主持的市级集体和个人的课题有 4 项,发表论文近 20 篇,已有教师快速成长为上海市"名校长名教师"基地的学员。在教研过程中,教师们获得了前沿的学术信息和先进的教育理念,构建了真正的"学习共同体",在交互式的学习和研究中,用集体的教研成果点亮学生的智慧课堂。

三、完善基于循证教学理念下的评估体系

循证教学理念强调"看得见的教与学",注重教师教学中的概念建模、思维方式的外显化,同时,也注重学生学习过程中学习成效的可视化,关注学习成效的表达。国际部基于这种循证教学理念,在建构教与学的评价体系时突出评价标准的"可视化"和"过程性",强调更多从学生学习过程、学习效果和行为表现来制定相关的评估标准,符合 IB 国际课程强调关注学生过程性、多元形式评价的原则。

针对教师课堂教学行为的评估,国际部要求评课教师"跳出教学看教学",更多从学生的视角去观察教师教学设计的合理性与有

效性,"是否提供大多数学生参与学习活动的机会""是否提出与学生认知水平相吻合的开放式问题""是否留出足够时间给学生思考""是否能倾听学生的表达,不随便打断,并有区别地对学生回答进行反馈"等。这些评课标准引导教师深刻理解"好"课的标准,从而真正将"以学生为中心"的教学行为落实到教学的每个环节,而不仅仅停留在理念和口号层面。

针对学生学习成效的评估,除了以绩点作为终结性评估指标外,国际部非常重视对学生的形成性评价,如服务式学习的评价。服务式学习是将社区服务、社会实践与学术学习相结合,在培养学生的责任意识和担当精神同时,也将课堂所学的知识与技能应用于解决社会现实中的实际问题。在评估服务式学习的成效时,教师更多关注过程性的成效,注重学生在调查、准备、行动、反思、展示等学习环节中所表现出来的发现问题、解决问题的能力,通过为学生搭建解决问题的框架,来引导学生独立思考、合作交流,共同完成服务式学习的目标。

面向未来,复旦附中国际部将结合"互联网+"时代的特征,在优化传统教学模式的同时,提升教师数字化信息素养,将世界搬入课堂,继续培养具备全球胜任力的学生!

原文发表于《现代教学》2020年第17期

第三章

提升历史学科的育人价值

学校的各门学科对学生而言都有其独特的育人价值。其中,中学历史学科作为一门基础的人文学科,除了有让学生掌握历史知识应对考试升学等目标外,还对学生的人生观、价值观的形成发展具有潜移默化的影响。历史学科对民族优秀文化的传承、爱国主义情操的培养、求真务实等治学精神的熏陶、憎恶向善等人文情怀的孕育等有着其他学科难以企及的重要价值,这就是人们常言的历史德育。此外,历史学科和其他学科的知识有很多横向的交织,找到跨学科教学的切入点,可以更好地发挥历史学科的育人价值。

历史教学中的家国情怀教育

2017年教育部正式颁布了《普通高中历史课程标准(2017年版)》,提出历史学科的核心素养主要包括唯物史观、时空观念、史料实证、历史解释和家国情怀五个方面。其中,将家国情怀定义为"学习和探究历史应具有的人文追求,体现了对国家富强、人民幸福的情感,以及对国家的高度认同感、归属感、责任感和使命感。学习和探究历史应具有价值关怀,要充满人文情怀并关注现实问题,以服务于国家强盛、民族自强和人类社会的进步为使命"[①]。可以说,在历史学科五大核心素养中,家国情怀是最能体现教学目标中情感、态度和价值观这一维度的,也是最忌讳教师用口号式的语言去落实教学目标的。家国情怀作为一种深层次的文化心理密码,它在学生心中的落地、生根、开花、结果,应是一个循序渐进、情感自然积淀的过程。家是国之根,国是家之魂。作为历史教育工作者,作为培育学生具有家国情怀的人,我们只有对家国情怀的内涵、外延有正确的认识,对家国情怀的时代性、发展性有全面的认识,明确历史教学过程中家国情怀在课堂内外、在学生心中的落脚

---

① 中华人民共和国教育部:《普通高中历史课程标准(2017年版)》,人民教育出版社2018年版,第5页。

点、生长点、爆发点，才能更好地把家国情怀这个核心素养融入新时代的立德树人教育教学工作中。

一、明晰家国情怀的主要内涵

"家国"一词早在中国古代典籍中就已出现，《史记·周本纪》中描写武王伐纣时就提到商朝"昏弃其家国"。从字面上来看，家国情怀指的是人们对于家、对于国的心境感情。但家国情怀作为一种思想观念并非是一蹴而就的，它生根于中国古代社会的独特环境，是在传统文化的发展过程中慢慢积淀而成的。

在中国古代社会，"家"与"国"是两个不同层面的维度。"家"是指人们依据血缘关系建立起来的生活共同体，而"国"则更体现一种政治、文化的共同体。它们互相关联，但也指向不同维度。因此，追溯家国情怀观念的形成，需要回到中国古代社会，将其放置于小农经济的基础、放到中国政治制度的演变中来重新审视。

在自给自足的农耕经济模式下，以血缘为纽带的家族、宗族成为社会的中流砥柱。面对大自然的适度挑战和抵御外来势力侵犯的需求，中国古人做出了有效的回应。周初统治者将家族关系与政治制度相结合，通过血缘的亲疏，把"家"和"国"密切地结合在一起，将政治领袖与家族族长两个身份合二为一。自此之后，"家"与"国"的融合与表里、互动关系一直被当作中国的传统延续。在阐释"家"与"国"的局部和整体关系时，中国古人为此做了理论的创新和探索。从孟子的"国之本在家"，到文天祥"山河破碎风飘絮，身世浮沉雨打萍"，再到顾炎武"天下兴亡匹夫有责"，这些文人儒士的恋家、思乡、忧国忧民之情怀逐渐被沉淀而汇聚起来，让"家国"关系有了更趋一致的认识：于个人而言，"家国"是"修身、齐家、治国、平天下"，是"天下兴亡，匹夫有责"的境界。家国并非一个纯政治概念,更多的是一种人文情怀。尤其到中国近代后期,这种情怀带上了悲壮的色彩,成为国人救亡图存的精神诉求和行动指引。

在现代社会,当中国独立自主,走向伟大复兴之路,由一个小农经济国度变为一个工业化国家,从相对封闭变成主动开放、面向世界,"家国情怀"有了更高、更宽的内涵和视界。就像《普通高中历史课程标准(2017年版)》所提出的"从历史的角度认识中国的国情,形成对祖国的认同感和正确的国家观;了解世界历史发展的多样性,理解和尊重世界各国、各民族的文化传统,具有广阔的国际视野,树立正确的文化观"。[①] 家国情怀不仅仅是一种对于国家使命的担当,更是一种内省和外观的国家文化心理符号。某种程度上,新时代的家国情怀有着与古代、近代更为不同的情愫,那就是,可能你的家在世界任何一方,但你的根还在中国。世界眼、中国心,这是当代中国人对家国情怀的适切表达。

二、家国情怀在历史教学中的渗透

对于学生来说,家国情怀不应该是冷冰冰的概念,而应该是一种感同身受的体悟,这需要教师运用史实来阐述。钱穆先生在其著作《国史大纲》中将中国的历史描绘得生动拟人化,充满着"温情与敬意",让读者爱读历史,喜欢历史。对教师而言,如何在教学中孕育、点燃、铸就学生深厚的家国情怀,体现着教师的教学智慧和人文素养。

1. 多元教学方法,体悟家国情怀

家国情怀是一种人文追求,更是人们情感表达升华的体现。

[①] 中华人民共和国教育部:《普通高中历史课程标准(2017年版)》,人民教育出版社2018年版,第7页。

而这种情感层面的升华与价值观层面的引导并不仅仅是依靠教学方法和历史细节来呈现,更需要师生能与之产生共鸣。因此在教学中,教师应注意不流于表面,而是由表及里,活用相关史料,比如文献、影像等不同类型的史料。通过带领学生阅读分析史料,激发学生的家国情怀,而非刻意告知他们这种价值追求。

(1) 借助乡土资源培养文化认同

乡土资源可以成为教师在日常教学中使用史料的选择之一。每个人都有自己的家乡,乡土历史就是自己身边的历史。乡土情,即人们对家乡的爱恋之情,而这爱恋之情又会折射在家乡的每一草、每一木,每一段承载着记忆的历史中。因此,乡土历史资源便成为历史学科最丰富、最有效的资源,更是知识与德育教育的有机整合体。在运用乡土资源培养文化认同的过程中,教师要打破乡土历史资源只能适用于中国历史的观念禁锢,灵活迁移,将乡土历史和世界历史中某些可以相联系、相比较的内容整合在一起,打通历史时空的藩篱,培养学生跳跃性和发散性思维,达到历史教学教人"求通"的学科能力。

(2) 借助图片影像数据感知荣辱兴衰

根据学生的身心特点,我们发现,学生对集视、听于一体的史料的解读往往更容易生成认知情感和情感共鸣。这些史料包括图片(照片、漫画、油画等)、纪录片、历史影视作品、历史声音档案甚至三维模拟动画等。比如在讲述中国人民抗日战争的历史,教师可以借助20世纪30年代上海出现的"电影救国"现象,播放当时拍摄的《十九路军抗日血战史》《上海之战》《淞沪抗日战士追悼会》等影片,让学生对时人的抗日激情感同身受。有位亲历那段历史的老人这样回忆道:"1932年的'一·二八'淞沪之战爆发,银幕上出现日军飞机轰炸民屋、无数难民伤亡时,观众个个义愤填膺、振臂怒吼:'打到日本帝国主义!'叫喊声震动楼顶。赶来维持秩序的警察,也感动得泪水直涌。看到十九路军冒着敌人炮火,无畏无惧,冲锋杀敌,观众全体起立敬礼,拍手顿足,高呼:'中国万岁!十九路军万岁!'这个我亲身经历的感人肺腑场景,至今历历在目,始终不忘。"①无须更多语言,画面的真实感让学生的时代情怀、家国责任油然而生。

（3）通过身边历史触摸家国滥觞

历史遗迹和历史遗物是历史教学的有效载体。通过行走的课堂去触摸历史古迹,感受家国滥觞,让学生在近距离鉴赏历史实物史料中感受历史中的人与物,感受历史的温度,这是激发学生家国情怀的有效方法。上海市历史博物馆、外滩历史纪念馆、张闻天故居、黄炎培故居、"两弹一星"爱国主义教育基地、泥城革命史迹馆、朱家店抗日之战纪念碑、国家级生态示范村——前卫村等,这些场所,弘扬了爱国主义、民族精神,激励学生为中国的复兴和富强、为中国的腾飞和卓越而努力!有的场所则通过口述史、计量史等史学研究,"让学生了解村民是如何艰苦奋斗、自强不息,努力实现生态农业经济、环境保护、社区文明进步的跨越式发展;让学生体悟科学研究方法,为家乡的生态美景而感动"②。作为身边的历史,各个学校的校史也是丰富的资源。复旦大学、交通大学、复旦中学、徐汇中学、敬业中学等具有悠久历史的校史馆,里面展示了珍贵的历史印记。上海师范大学的慰安妇博物馆让学生铭记"战争记忆与人类和平"这一话题,珍惜"和平与发展"的时代主题。

2. 基于课程特点,挖掘家国情怀着力点

不同类型的历史课可以采取不同的方式来培养、激发学生的家国情怀。必修课可以围绕课程标准补充史料,在史料教学中沉

---

① 沈寂:《上海电影》,文汇出版社 2008 年版,第 46 页。
② 施卫平、许世联、郭春飞:《乡土德育课程的开发与实施》,《现代教学》2013 年第 12 期。

淀爱国、爱家、爱人之情。在拓展课中，教师可以围绕一个主题展开不同文本载体的主题教学。比如围绕"历史上的战争：缘起与影响"这个主题，师生基于"原始资料""无意史料"，通过阅读历史名著《奇怪的战败：写在1940年的证词》《安妮日记》《第二次世界大战战史》等，观看历史影片《穿条纹睡衣的男孩》、纪录片《德意志第三帝国》等，从"直接证据""间接证据"的角度来思考文本的证据价值，基于更多的史料和科学推论形成自己的观点，架构自己的历史解释，求得历史与逻辑的一致。学生们理解了，电影和名著反映了不同时代的作者对同一历史事件或者历史人物的主观理解，不完全等同于历史真实。学生可以从作品创作背景、内容甚至时代影响等多维视角去获取可接近历史的信息，并在此基础上，撰写影评、创作剧本、进行戏剧表演，构建自己对历史事件和人物的解释，用多元方式活化学习成果，从中感受"历史是由活着的人为了活着的人重建的死者的生活"，感受家国情怀在某种程度上是一种世界情怀，是对人类共同命运的关怀。

除了必修课、拓展课，一般学校还会开设研究课或活动课。教师可以借助此类课程，弥补传统课堂教学中的不足。比如教师可以以地方史为主题，让学生展开自主研究，走访当地的博物馆，拜访家中的老人，进行口述史收集等。通过这种实践活动让学生主动感知历史，感受历史中的家国情怀，并通过活动培养他们的责任担当意识。教师可以适当为学生提供一些博物馆的展览信息，让学生在业余时间能够有所收获。这种贴近学生生活的主题活动，一方面，整合了各种社会资源，使学生能有新鲜感，提高他们的积极性和参与度；另一方面，也激励了学生的自我成长，帮助他们更全面地认识历史，提升人文素养，形成正确的世界观、人生观、价值观。这种行走的课堂能够丰富学生的历史思维，培养学生寻找问题、解决问题的能力。

三、把握家国情怀的教学原则

家国情怀的培养既需要教师基于日常课堂教学而展开,同时也需要教师引导学生运用"行走的课堂"等课外活动来实践。家国情怀是历史教学在价值观层面所追求的重点,但是教学过程并非一帆风顺,往往会遇到一些问题,给教师造成困扰,甚至影响历史学科育人的目的。教师的教学方法、学生的认知、社会环境、互联网时代的碎片信息等,都是影响落实家国情怀的因素。如何让家国情怀真正走进人们心中,而不是浮于表面,需要教师的持续努力。因此,反思家国情怀教育的教学原则也成为重中之重。

1. 注重史论结合下的求真意识

当今中学历史非常注重史料教学,这是非常有效的教学手段。但有些教师在展开课堂教学时可能会不自觉地将一些史料过分解读,在短短的只字片语中加上自己的一些夸大和渲染,将一些历史事件的意义过度拔高而脱离了历史原貌,这是值得我们关注的。中学阶段是青少年价值观逐渐形成的重要阶段,因此在日常教学中注重对中学生价值观的引导格外重要。在教授学生文化知识的同时,需要注重他们人生观、价值观的引导形成。历史学科的最大特点就是有一份史料说一份话,教师不能对史料过分解读,误导学生将家国情怀仅仅理解为民族主义,同时,教师也不能将自己的猜测和臆想强加于学生,而是应该铺陈史实,让学生自己了解现代民族国家的形成和国民为之奋斗的过程,这样才能启迪学生理解家国情怀,才能领略到究竟应该对家国抱以怎样的态度情感。

2. 提升经济全球视野下的求通意识

在经济全球化背景下,各类文化互相交杂凝聚,使得青少年的价值观受到巨大的冲击。对于正处于价值观形成期的学生来说,他们的判断能力有限,容易受到外界的干扰。学生往往分不清"国家""民族"这些词之间的区别,也就导致他们无法正确认识家国情怀的核心内涵。所以这更需要教师在课堂中注意全球视野下的求通意识。比如高中历史第六册的"经济全球化与全球性问题"一课,作为高二年级历史教材的最后一课,学生的身心特点、知识储备和学习理解、知识迁移能力已能够消化教材内的所有知识点。如何赋予这堂充满时代气息的教材内容更加深刻的内涵呢?家国情怀的落脚点在哪里呢?这是教师备课中所要思考的问题。如果教师仅仅将教学目标停留在对这一时代现象的概述分析,这就失去了大象无形、大方无隅为特征的思想感染境界。因为课题背后蕴含着丰富的人生价值观和思辨哲理。对学生而言,可以启发学生,结合人生理想思考"我们给后代留下一个什么样的世界?";对教师而言,可以让教师反思"我们给世界留下一个什么样的后代?"教师可以将经济全球化和个人的发展融合在一起,在教学中引导学生思考全球性问题如何解决?经济全球化时代的中国何去何从?经济全球化背景下的个人如何面对机遇和挑战?这些发散性、开放性命题在之前知识铺垫的基础上汇聚而成,既不突兀也不硬性,反而能够在开启学生思维火花的基础上,水到渠成地形成高层次的思维活动,形成思维的爆发点,继而落实本课的德育目标。同时,可以成功地将之前高一、高二各阶段价值观、德育培养的相关内容,如坚定信念、追求卓越、笃志躬行和挑战命运等与家国情怀的内容融合在一起。当学生认识到世界性问题需要各国的力量共同完成,全球性问题需要全球化方案来解决时;当学生认识到国家与国家之间的竞争归根到底是人与人之间的竞争时;当学生认识到自身所担负的国家责任、社会责任、家庭责任时,全球意识、国家意识、责任意识就很容易植根于学生心中。教学于无声处实践了学科德育目标。

3. 彰显民族融合的大"家"意识

民族史的教学是中学历史教学中比较重要的一部分。但由于民族史内容多、民族融合过程复杂，对大部分教师而言，能游刃有余地进行民族史的教学是比较难的。因此，有的教师在进行南北朝乃至辽西夏金等朝代教学时，往往会用比较少的笔墨和言语来概述这段历史。但从家国情怀这个视角来审视，可以看到，这段历史不是中原王朝历史的陪衬，而是中华民族历史的一部分。多民族的融合和民族统一的历史，这是放大版的"家"的历史、"国"的历史。同时，教师也不能忽视对世界史的教学工作，更需要挖掘出世界历史中被忽视的家国情怀，培养学生的国际视野。人类历史不是几个国家、区域的历史合集，更是国家、地区之间交往的产物，所以在塑造家国的同时，更要培养世界目光。自 2013 年 3 月习近平总书记提出"人类命运共同体"这个概念后，"家国情怀"的内核又发生了一些变化。从家国情怀到天下意识，从家族共同体到民族共同体，从民族共同体到天下共同体，家国情怀的概念更是带有了国际视野的色彩，更需要有与现实的关照、回应。

家国情怀的存在是为了让人们"具有民族自信心和自豪感"[1]，其最终演变出的也就是人类命运共同体对人类和世界的终极关怀。作为教师，我们应该在传承发展传统文化的同时，站在世界的高度来审视自身，丰富家国情怀的内涵，架起中国与世界对话的桥梁，搭建过去与现在沟通的平台。只有这样，明天才会更加美好！

原文与卫佳琪合作发表于《现代教学》2018 年第 18 期

---

[1] 中华人民共和国教育部：《普通高中历史课程标准（2017 年版）》，人民教育出版社 2018 年版，第 7 页。

将学生的课堂疑问变成
历史德育的生成点

中学历史德育是基于历史学科本体特点,通过不同的教学策略和手段,以知识为载体、以课堂为途径的动态育人过程。在实施中学历史德育策略的过程中,教师要善于抓住学生的课堂疑问,并将课堂疑问变成历史德育的生成点,顺势进行历史德育的渗透,自然、有效地达到历史德育的目标。

一、认真辨析史料,培养学生治学严谨的态度

我们看到、听到的史料 100% 都是真实的吗?答案当然是否定的。历史是客观存在的,研究历史离不开史料,但史料不等于史实。即便是真实的史料,如果后人误读、曲解并以讹传讹的话,那真实的史料也会失去它的史料价值。

笔者在讲述宋朝的经济状况时,曾引用过一段《东坡集》卷三〇《答秦太虚书》中的史料。

> 初到黄(州),廪入既绝,人口不少,私甚忧之。但痛自节俭,日用不得过百五十,每月朔,便取四千五百钱,断为三十块,挂屋梁上,平旦用画叉挑取一块,即藏

去又,仍以大竹筒别贮,用不尽者以待宾客,此贾耘老法也。

读完这段史料,学生根据当时宋神宗元丰年间物价水平的参照指数,得出结论:苏东坡生活的年代真幸福,"日用不过百五十钱""月朔,便取四千五百钱"能养活一家人,这说明黄州物价相当便宜。但也有学生质疑,提出疑问,"日用不过百五十钱"是苏轼一个人用的,还是全家人用的?史料里没有说明白,所以根据这段史料无法做出黄州物价相当便宜这一结论。

面对学生两种不同的观点,师生课后查阅相关资料,知道了"日用不过百五十"是指苏轼一个人一天的零用钱,并非全家一天的生活费。[①] 这个教学案例让学生感叹道,如果对史料的原意理解有误,并将误解代代相传的话,这会造成后人对史实的错误解释。由此,教师潜移默化地引导学生认识到,认真辨析史料,将严谨的治学态度内化为处事严谨的为人之道,这是一个人应该具备的良好素养。

二、多元视角看问题,培养学生的求真意识

既然史料不可能 100% 是真实的,那我们研究历史的方法就需要有"拿来主义"的精神,对史学研究的成果需要有求真意识。我们看问题的视角可以借助多元的史学方法,如归纳、演绎、分析、比较、综合等,借助计量史学方法、口述史学、心理史学、社会文化史学等研究成果,对历史人物和历史事件进行分析、解释。可能有

---

① 何忠礼:《苏轼在黄州的日用钱问题及其他》,《杭州大学学报(哲学社会科学版)》1989 年第 4 期。

的学术研究成果还未得到肯定，可能有的学术研究成果价值不大，但我们要借助这些研究成果，尽可能去接近历史原貌，求真历史本源。正如巴赫金曾说过："我用世界的眼睛、别人的眼睛看自己，而他人的眼睛，则透过我的眼睛来观察。"

当笔者讲述法国启蒙运动和1848年欧洲革命及巴黎公社时，课堂上有同学提出疑问。"启蒙运动中的《百科全书》在当时法国社会的阅读面有多广？有没有具体数据来反映这本书进一步推动了启蒙运动的发展？""1848年欧洲革命及巴黎公社中的主力军真的是工人吗？"这些平时被教师一句带过的史实面临了学生挑战性的质疑，这体现了学生活跃的历史思维。

为解答这些笔者也深感疑惑的问题，师生再次查阅相关的资料，得出的结果让师生颇感小小的惊喜。借助19世纪法国史学家戈赛和鲁热里奥对19世纪法国当时遗留的死亡、医疗、拘捕及政治情报记录的统计和分析，我们看到了1848年革命和巴黎公社革命的核心分子是小商店里的工人和传统的工匠，而不是我们想象中的工厂里的工人。此外，通过查阅美国历史学家罗伯特·达恩顿的《启蒙运动的生意：〈百科全书〉出版史（1775—1800）》一书，分析书中作者量化的《百科全书》出版商、出版地点的分布、购买此书人群的分类以及此书出版的销量数据，我们看到在启蒙运动时期，欧洲尤其法国对《百科全书》热衷的群体是后来被资产阶级推翻的王宫贵族、政府官员等，而不是我们想象中的资产阶级。

课堂上的两个小小的疑问带来了对固有观点的挑战和冲击，虽然我们看到了一些最新的研究成果，但我们还是不能全盘否定固有的观点，因为新观点或许也有以偏概全之嫌，但在质疑、释疑的求证过程中，学生养成了多元角度看待历史问题的思维习惯，这有利于培养学生的求真意识。

三、客观评价史学,培养学生的包容情怀

在高中历史导言课上,当笔者在介绍中西古代史学发展的脉络时,有学生突然问道,"西方学者认为我们中国没有史学,如果有史学的话,也是从中国近代后期开始的,这是为什么?"面对学生的问题,我解释了西方认为中国古代没有史学的原因:西方部分学者认为中国古代是官方修史,史料的可靠性和史学家编撰动机有怀疑之处,所以,中国古代史学无法体现研究社会历史现象、发现现象背后的发展规律,即不可能体现历史学的本质。因此认为中国古代没有史学。针对西方部分学者对中国古代史学的谬误观点,我们应该如何理性对待?

笔者借用了"古松三态"的例子:在木匠看来,古松不过是一根梁子而已,能够造房子;而在画家看来,古松是风景的组成要素,它是唯美的;在种地的农民看来,古松可以遮阳,是供人避热纳凉之处。木匠、画家、农民都从自己的角度来看待对自己有价值的东西。因此,针对西方部分学者对中国古代史学的谬误观点,我们要理解这是他们依据史学价值判定的不同标准去界定史学存在与否,我们不能因为他人对中国史学的贬低而耿耿于怀,我们要有自信:18世纪之前中国史学领先于西方史学,19世纪之后则落后于西方史学。正如杜维运教授所说:"希腊记事的制度不出现,纪实的原理自迟迟形成,修辞学遂乘虚而入,大行其道。所以比较中西古代史学,在纪实方面,中国遥遥领先,斑斑可稽,不容置疑。"当然,我们也不能孤芳自赏。"史学有优劣是必然的,但是在从事比较的时刻,不能先存有优劣的成见,要一视同仁,将所有国家的史学,放在同一水平线上做比较,优劣之分,是比较以后的结论。"[1]

---

[1] 杜维运:《史学方法论》,北京大学出版社2006年版,第251页。

"历史价值观或史观本来是复杂的,它的意义无疑需要师生在教学中去协商。其对人生的意义是,协商采用的角度和观点愈多就愈少偏见,对人生的影响就愈正面、愈积极。"[①]教师通过对史学、史观的客观认识和评价,可以培养学生的包容情怀。

原文发表于《现代教学》2013年第6期

[①] 本刊编辑部:《读中央参　干大教育——〈中学历史教学参考〉2010年办刊设想敬告读者》,《中学历史教学参考》2009年第9期。

挖掘隐性德育素材　提升历史德育内涵
——以纳粹屠杀犹太民族的教学为案例

学科德育是指各学科将本学科所蕴含的德育因素内容通过不同的教学方式和手段渗透在教学过程中，发挥学科德育育人的功能。这是一个以知识为载体、以课堂为途径的动态育人过程。在该过程中，教师要根据学科的特点，将学科的德育目标与教学内容有机地结合；要注重挖掘学科的隐性德育教学素材，提升学科德育内涵；要注重学科德育渗透过程中的教学自然性和有效性。

中学历史课程在了解全球文明、传承民族文化、担当社会责任、弘扬人文精神等方面有着独特的育人价值。在实施学科德育的过程中，中学历史有些知识内容与政治思想、道德品质、人格铸成有着比较明显的联系。如近代中国反侵略战争可以与培养学生爱国主义、民族精神交融在一起；古代文人墨客、科技匠工不断探索科技文化的精神与培养学生意志品格联系在一起……但事实上，很多历史德育教学素材是隐藏在教材文本背后，含而不露。这需要教师用敏锐的眼睛去挖掘这些隐性的德育素材，并选择符合学情的教学方式，发挥历史学科"文道结合"的德育功能。"战争与和平"问题是中学历史可以进行德育渗透的主题之一，能充分体现历史学科德育的价值。在这个主题内，教师可以培养学生爱国主义情操、民族自豪感以及对世界文明的认同感、对以人为本的人文主义和友善、仁爱的人道主义精神的认同感,树立理性认识"战争与和平"问题的正确价值观。笔者以纳粹屠杀犹太民族的教学为案例,阐述历史学科德育如何渗透在战争史的教学中。

一、建立隐性德育知识体系,提升历史德育内涵

赫胥黎曾说过,"不知几千百万的儿童,在学校教室里,经过了不知几千百万的钟点,读不尽的圣经,听不完的老师的唠叨——结果是:这一班教出来的人一天比一天忙碌地准备着互相厮杀,并且唯恐屠杀得不彻底,唯恐对方还有噍类留存下去;人道主义是显然地一天比一天削弱了;对于强权、暴力以及运用此种权力的人的偶像崇拜一天比一天地发达了;国际政治表面上尽管是雍容揖让,底子里却一天比一天地阴鸷狠毒,不择手段,而恬然不以为耻……"①如果说赫胥黎的这段话对我们历史学科德育有所启示的话,那就是,历史学科德育目标如何通过"文以载道"的内容,达到"文以传道""文道结合"的有效育人效果。

就世界史而言,有的教师将世界史的德育板块分成六部分,即世界文明史板块展现了世界历史长河中各种文明的流动、发展和变化,使学生认识和理解人类所创造的全部物质、精神和政治成果;世界资本主义史板块展现了世界资本主义近400年的发展和繁荣、停滞和危机,使学生认识和理解资本主义的特征和当代资本主义的新变化;世界社会主义运动史板块展现了世界社会主义理论与思潮、运动与制度、经验和教训等,让学生认识和理解"两个必然"及其长期性和艰巨性;世界和平与战争史板块展现了和平与战争两种趋势的较量与嬗变,认识和理解多元世界下构建"和谐世界

---

① 转引自周增为:《德育为先的思考和实践》,《上海教育》2010年第23期。

体系"的重要意义;世界大国兴衰史板块展现了世界大国的崛起、霸权与衰落,让学生认识和理解大国兴衰中相通的规律以及中国和平崛起新道路;世界现代化史板块展现了世界各地区形式各异的现代化历史进程,让学生认识和理解现代化进程中的不同道路和不同模式①。这些德育板块每个主题下有很多可以穿插交融的德育知识点,可以建立德育知识体系,并注重体系内知识点的分野、衔接与整合,这有利于拾级而上推进历史学科德育实践的目标,达到学科育人的有效结果。在这过程中,教师本身要具备敏锐的学科德育意识,有重点地归纳、整合历史学科德育知识点,建构历史学科德育知识体系,进而提升历史学科德育内涵。

二、挖掘隐性德育教学素材,创设历史德育情景

有人说,20世纪是一个充斥着战争和杀戮的世纪。其中,第二次世界大战让人感到前所未有的恐惧。这种恐惧一方面来源于种族屠杀、伤亡人数、核武器的使用,另一方面也来源于战争中人性扭曲所折射出的恐惧。对于纳粹屠杀犹太民族的史实,中学历史教材从政治、经济、文化等多角度分析了成因、发展和结果,但这些分析较多从德国国家利益和纳粹领导人的思想行为来解释。难道这种大屠杀的行为仅仅归罪于抽象的国家利益和为数较少的纳粹首领吗?是什么驱使那么多人参与纳粹的屠杀行为,成为纳粹的帮凶?如果你生活在那个大屠杀时代,你面对柔弱无助的犹太人,你会服从命令拿起屠刀还是拒绝命令放下屠刀?这些问题和假设的背后其实隐藏着历史德育的切入点,即通过史实反思人性扭曲的主客观因素,进而更加理性地认识自我、认识人的道德

---

① 曹胜强:《世界史学科德育体系初探》,《枣庄学院学报》2010年第6期。

行为。

围绕这些问题和假设,笔者借助被囚禁在特莱津、奥斯维辛集中营的儿童的诗画作品来反映犹太人的悲惨命运和他们对活的渴望。在注重史料信度和效度的今天,这些第一手史料会激起当代学生对犹太儿童的悲鸣,对战争及屠杀行为的厌恶和痛恨。

史料一:诗《恐惧》

今天,集中营有了一种新的惊恐,被它攥在手心,死亡挥舞起冰刀。邪恶的病菌活跃地散布着恐怖,在它阴影下的牺牲者,在哭泣挣扎。今天父亲的心跳,在传达他的搏斗,而母亲们,在用手盖住她们低下的头。现在,这里的孩子们抽搐着死于伤寒。这是从父母那里取走的一笔痛苦的重税。我的心仍然在胸腔里跳动,当朋友们在告别,去往另一个世界。或许这样更好——谁知道?——今天就死,免得看着发生的一切?不,不,我的上帝,我要活着!别看着我们的编号都被熔化掉。我们要一个更好的世界,我们要工作——我们不能死!①

——12岁的犹太女孩爱娃·博斯科娃写的诗,16岁被杀死在奥斯维辛集中营。

史料二:诗《我是一个犹太人》

我是一个犹太人,永远不会改变,纵然我要死于饥饿,我也不会屈服。我要永远为自己的人民战斗,以我的荣誉。我永远不会因身为犹太人而羞耻,我向你起誓。我为我的人民骄傲,他们是多么自尊。不论我承受怎样

---

① 林达:《像自由一样美丽:犹太人集中营遗存的儿童画作》,生活·读书·新知三联书店 2013 年版,第 144 页。

的压力,我将一定,恢复我正常的生活。①

——13 岁的犹太男孩弗兰塔·巴斯写的诗,13 岁被杀死在奥斯维辛集中营。

除了诗歌外,笔者还展示了犹太孩子在集中营里的绘画,这些画充满了犹太孩子们对旧时记忆的怀念和对未来命运的焦虑。诗与画创设了历史德育的情境,这些鲜活的史料向学生述说 70 多年前同龄的犹太孩子们对生的渴望、对现实的抗争。两个不同时代不同语境下的群体在诗与画中产生了共鸣。"人性到底是善的还是恶的?如果我是那个时代的人,如果我是集中营的看守,我会如何对待犹太人呢?"学生由感而发的问题涉及人性的根本,也涉及人与战争关系的反思。关注战争中个人行为,审视个人行为对社会带来的影响和后果,思考在特殊环境下自己行为的取舍标准,这是历史学科德育在战争史教学上的素材挖掘。

三、注重隐性德育自然渗透,感悟历史德育魅力

通过创设历史德育情景,引发学生对战争中个人行为的反思,这种反思不仅仅是对自己行为的取舍判断,也是对那些不愿参与屠杀但被迫拿起屠刀的军人或者群众的行为、心理分析的理解。因为对个人行为的取舍一定程度还决定于个人所处环境,尤其战争背景下人的非理性行为背后会有的动因,认识这点,学生能更加客观评价他人行为,审视自己的行为。笔者借助角色扮演方法,让学生通过现场模拟思考某些个人行为背后的深层次原因。

---

① 林达:《像自由一样美丽:犹太人集中营遗存的儿童画作》,生活·读书·新知三联书店 2013 年版,第 155 页。

活动一：由学生扮演一位负责管理犹太人区的波兰犹太人，朗读这位波兰犹太人写的《把你们的孩子给我》的演说。

通过演说，学生明白了这位波兰犹太人在自我管理的辖区内，为何说服辖区内的犹太人交出小于 10 岁的孩子和那些老弱病人，这是"为了拯救身体而截肢"，为了让更多的犹太人活下来。如果我们不知道《把你们的孩子给我》的演说稿，或许我们只能停留于对事实的震惊，惊呆于这个波兰犹太人为苟且偷生而残杀同胞，也由此或许我们得出人性丑陋的感悟。但"微观史学"和"个案研究"让学生接近历史真相、进入历史人物的心灵，进而更加客观认识历史，产生对历史小人物的包容、宽容甚至怜悯之情。

活动二：老师学生齐参与米尔格拉姆的"服从威权"实验。

教师模仿米尔格拉姆的"服从威权"实验，让学生甲接受提问，学生乙向学生甲提问，如果甲回答错误，老师就要求乙通过控制台上的开关电击学生甲，电压从 15 伏到标明"危险"的 220 伏。电压一直上升，当电压已经显示"危险"，被电击的甲开始尖叫。尽管乙有所犹豫和抗议，可是总有学生还是听从教师的指令进行实验。那个被电击的学生甲实际上是教师的同谋者，电压是虚设的，他只是在模仿被电击后的痛苦，其实他没有受到一点伤害。模拟米尔格拉姆的实验证明虽然结果与米尔格拉姆实验结果不一定一致，但通过参与实验，学生至少看到一点：各种普通人或多或少都会被权威说服或者顺从来自外部的压力和权威做着自己不想做的事情，甚至有时这些事情是违背其良心或者违背伦理道德的。其前提是他们相信可以把责任全部推到老师（权威）身上。[①]

---

① 李晓龙：《实验改变人类——震撼世界的十大科学实验》，《今日科苑》2012 年第 12 期。

通过以上两个学生主动参与的体验式教学,让学生更加清晰地认识"道德行为人"。所谓"道德行为人",是"在自己与他人的利益发生冲突的情况下,或者,在政党的利益发生冲突的情况下,审慎地考虑自己该做什么样的人"①。通过体验式教学,教师让学生反思,如果处在战争等特殊环境下,自己会采取哪种行为应对各种情况?可能每个学生的答案都是不一样的,但教师的目的在于引导学生认识到,在面对各种困境包括道德困境时,每个人要将正确的道德认识和积极的道德情感表现出来,敢于主动站出来去干预、协调、解决一些非道德行为,只有这样,个人所内化的正确道德意识才不会流于形式,更不会因为无法解决现实问题而放弃本该坚守的道德行为。同时,从宏观层面让学生认识到,强权国家用单一价值观试图缔造新世界的想法将被鄙视和抛弃,人类要建立一个文明公平、彼此和谐的世界。从微观层面让学生认识到,每个人要尊重他人、要关爱他人,人性固然会扭曲,但人类通过理性思维,以史为鉴,反思人类文明发展的丑陋行为,一些罪恶的行为是避免的。每个人要慎重自己的行为,不仅为自己也为后代。这样,培养"道德行为人"的历史学科德育目标就落于实处。

教育家杜威说,"道德目的普遍存在于一切教学中并处于主导地位,不管教学主题如何。"②教师要依据学生的身心特点,以学生发展为本,用合适的方法,挖掘隐性德育教学素材,并让学生主动参与、探究发现,创设德育育人的情景和活动,向学生传递正确的"情感、态度与价值观",使学科德育目标内化为学生自觉意识和有效行为。

原文发表于《思想理论教育》2013年第12期

---

① 转引自黄向阳:《德育原理》,华东师范大学出版社2000年版,第261—262页。
② 杜威:《道德教育原理》,王承绪等译,浙江教育出版社2003年版,第8页。

一溪初入千花明
——历史教学中人文价值观的渗透

中学历史基础型课程是彰显中学历史教育为学生终身学习和发展筑牢基础的功能。它重在培养学生的人格意识、求真意识、包容意识、责任意识、国家意识和全球意识,使学生具备国际视野、民族精神和多元文明共同发展的理念,具有中国特色社会主义公民的道德情操和价值取向,具有完善的健康人格和时代责任感。作为人文素养培养的重要课程,中学历史基础型课程应紧紧围绕基础课程目标,通过史实,尤其历史人物和历史事件,对学生进行人文素质的培养和人文精神的熏陶,培养学生的"史才、史学、史识、史德",帮助学生树立正确的价值观,以达到追求真、善、美的人生境界。

以人为本　人性至上

著名学者赵亚夫认为,"成熟的历史教育,以完善人格为最高目标",完善的人格是一种理性的人格,以人为本、人性至上是完善人格应包含的重要人文精神,这种价值观带来的价值取向表现为人的生命、权利和人民的利益、愿望是衡量一切行为的起点和归宿。

比如,在讲述"冷战"内容时,笔者引用了"一厘米的主权"的案例。1992年德国法庭宣判,曾经守卫柏林墙的卫兵因格·亨里奇有罪,因为在冷战期间他射击了一名意欲翻墙而过的年轻人而导致该年轻人身亡。虽然因格·亨里奇的律师辩称因格·亨里奇是名军人,他履行职责、执行命令,罪不在他。然而法官认为,作为士兵,不执行命令是有罪的,但打不准却是无罪的。作为一个心智健全的人,士兵有把枪口抬高"一厘米的主权",这是士兵应该主动承担的良心义务。任何人都不能以服从命令为借口而超越道德底线。① "一厘米的主权"闪耀着人性的光辉,是人类良知的一厘米。通过这个案例,可以让学生知道,即便在特殊的时代,以人为本、人性至上是永恒的人文价值观。

在讲述"越战"内容时,笔者又举例一个经典案例。20世纪,美国进行了题为"谁是你心中的英雄"的民意调查,结果被称为"生活中的英雄"的休·汤普森的选票遥遥领先。休·汤普森参与了越战,他为保护美军包围圈里的9个越南平民免遭屠杀,他把枪口对准自己的战友:"你们开枪,我也开枪!"越战结束后,他得到了五角大楼授予他的越战纪念章。这个案例促使学生思考:人是战争的机器吗?战争背景下,当人性的良知和现实的残酷发生碰撞,我们该如何决断?这些问题表面是人性向善的取舍之论,但背后是学生对战争与和平的重新审视。当学生将战争中的人与人的情感内化为自身的体验,通过换位思考来认识以人为本、人性至上的人文精神时,历史学科人文素养的培养也自然而然渗透其中了。当学生借用法国作家、法兰西学院院士弗朗索瓦·费奈隆的话"所有的战争都是内战,因为所有的人类都是同胞",来表达自己对战争

---

① 杨涛:《勇气和良知是力量》,《民主与科学》2010年第6期。

的看法时,学生心灵的品质在历史的品质中得到彰显。

求真重德　尊重包容

曾经有一段时间,美国学者詹姆斯·洛温的《老师的谎言:美国历史教科书中的错误》成为热议的畅销书。学生颇有兴趣地问道,"中国历史教科书中的错误有多少?""谎言为何一直存在?"因为对象和问题不同,历史叙述的有效性与可靠性会发生变化,加上历史解释带有写史之人的时代烙印和主观意识,所以,并没有一本完全客观、真实的历史教科书。正如詹姆斯·洛温所说,老师并非是谎言的起点,毕竟老师不是专业的史学家,他们远离于历史真相,难以发掘更为真实的事实。[①] 法国思想家雷蒙·阿隆指出:"人类创造自己的历史,但他们创造的是一个他们在事后才了解,费了好大劲才了解的历史。"[②]所以,历史是无法百分之百还原的,但史学家可以尽最大可能去接近历史的真面貌。历史教学的本质是返璞归真,尊重史实。在这过程中,历史教师要培养学生见证知史、求真重德、尊重包容的人文价值观。

比如,在讲述"洋务运动"内容时,如何对影响晚清时局的重臣李鸿章进行评价,是一个非常开放性的命题。虽然我们已经不再说李鸿章是个卖国贼,但如何看待这个人物,在评价历史人物的过程中,我们采取的标准和原则是什么?这应该是教师通过教学传递给学生的信息。教师可以借助清末民众、晚清官员、同时代日本

[①] 詹姆斯·洛温:《老师的谎言:美国历史教科书中的错误》,马万利译,中央编译出版社2009年版,第336页。
[②] 雷蒙·阿隆:《论治史:法兰西学院课程》,冯学俊等译,生活·读书·新知三联书店2003年版,第238页。

首相、时任美国总统、同时代维新人士、现代史学家等众多社会人物对李鸿章的评价史料，让学生感悟到，由于人的不同社会地位和阅历，每个鲜活人物背后都有其复杂的情感、态度和价值取向，后人应谨慎于史料的信度和效度。教师引导学生在"论从史出""换位思考"之后，肯定了李鸿章自强求富的思想和行为，让学生逐渐形成将历史人物放在特定历史环境下去看待的包容、求真、求善的意识。历史教师以见微知著的方式，让学生认识到，李鸿章在作为封建重臣与清醒认识世界形势的政治家、思想家之间无法调和的矛盾，从而学会用辩证矛盾思维去思考史实。正如著名学者虞云国说过："在历史教育中，史实史料的准确性显然是一条不能失守的底线，它告诉学生：我们来自何处；而价值观与历史观更不能魂不守舍，因为它告诉学生：我们将去向何方！"[1]

全球视野　求同存异

宽容、尊重、敬畏的意识不仅是对历史人物的，也是对世界历史的。历史教学需要培养学生宽阔的胸怀与全球视野，用全球化眼光去看待这个世界，理解世界各国相互依存的关系，"促使每个人都能够通过对世界的进一步认识来了解自己和了解他人，将事实的相互依赖变为有意识的团结互助"[2]。这种人文价值观需要教师在教学中细水长流、静水深流。

比如，在讲述"经济全球化与全球性问题"时，如果教师仅仅将教学目标停留在对这一时代现象的概述分析，这就失去了大象无

---

[1] 虞云国：《历史教学中的价值观、历史观与史料史实》，《历史教学问题》2011年第2期。
[2] 姜英敏：《国际理解教育的发展及其问题》，《中国教育报》2007年5月5日。

形、大方无隅为特征的思想感染境界。因为课题背后蕴含着丰富的人生价值观和思辨哲理。对学生而言,可以启发学生思考"我们给后代留下一个什么样的世界?";对教师而言,可以让教师反思"我们给世界留下一个什么样的后代?"笔者将经济全球化和个人的发展融合在一起,在教学中引导学生思考全球性问题如何解决?经济全球化时代的中国何去何从?经济全球化背景下的个人如何面对机遇和挑战?这些发散性、开放性命题在之前知识铺垫基础上汇聚而成的,既不突兀也不硬性,而是在开启学生思维火花的基础上,水到渠成地形成高层次的思维活动,形成思维的爆发点。当学生认识到世界性问题需要各国的力量共同完成,全球性问题需要全球化方案来解决时;当学生认识到国家与国家之间的竞争归根到底是人与人之间的竞争时;当学生认识到自身所担负的国家责任、社会责任、家庭责任时,全球意识、国家意识、责任意识很容易植根于学生心中。教学于无声处实践了学科德育目标。

"历史价值观或史观本来是复杂的,它的意义无疑需要师生在教学中去协商。对其人生的意义是,协商采用的角度和观点愈多就愈少偏见,对人生的影响就愈正面、愈积极。"[1]历史教学的最高境界,不是"一书塑造万般同",而是"一溪初入千花明"。教师要帮助学生找到自己的人生目标和方向,形成相对稳定的人文价值观,进而加深对历史上以人为本、善待生命、关注人类命运的人文主义精神的理解。而对于教师来说,"欲人文社会,必先人文自身;欲人文他者,必先人文自己"[2]。

原文发表于《思想理论教育》2013年第8期

---

[1] 本刊编辑部:《读中央参 干大教育——〈中学历史教学参考〉2010年办刊设想敬告读者》,《中学历史教学参考》2009年第9期。
[2] 庄礼伟:《人的价值至上,人的权利至上》,《南风窗》2003年第23期。

在品读唐诗中提高历史思维能力

高中历史学科培养学生的核心能力是什么？笔者认为是运用史学方法培养学生的历史思维能力。历史思维能力是思维内容通过思维形式表现出来的对历史问题判断、决策的能力。虽然,思维形式可按不同标准划分为不同形式,但笔者认为,抽象的思维形式是高中历史学科培养学生历史思维能力的主要形式。抽象的思维形式"最基础的是属于形式逻辑范畴的历史的概念判断、推理、归纳、类比、反驳……再高一级的属于辩证逻辑范畴的历史的现象和本质,个别和一般,内容和形式,必然和偶然,可能和现实……最高级的是属于历史唯物主义范畴的生产力和生产关系,经济基础和上层建筑,社会存在和意识形态,阶级、国家和革命、个人和群众"[1]。这些抽象的思维形式通过史学方法的默会和运用,能促进高中学生历史思维能力的发展和提高。虽然目前中国历史学科课程标准中没有对历史思维能力培养有明确的概念界定和思维能力层次的区分,但借鉴英国、美国《历史学科国家课程标准》对历史思维能力界定,笔者认为,历史思维能力由低渐高,可分为历史时序思维能力、历史理解能力、历史分析与历史解释、历史研究能力、分

---

[1] 聂幼犁:《中学历史学科的能力问题初探》,《历史教学问题》1984 年第 1 期。

析历史问题并作出决策的能力。① 这五个方面的历史思维能力能够让一个人具备用历史眼光审视、宽容过去,用人文情怀理解、正视现实,用理性思维憧憬、构建未来,并具备"一种向里看,并且追问'我是谁'的能力"。历史思维能力的培养有助于帮助学生具备解决未来问题的能力。

那么,如何运用史学方法来培养学生的历史思维能力?笔者认为,教师要尽可能挖掘历史教材中可用于历史思维能力培养的知识点,并根据学生学情和思维能力水平确定历史思维能力培养的层级目标,把握由少到多、由易到难的原则,由教师示范引导学生默会建构的原则,适时适当调整思维内容和思维形式的强度,在"用教材"的教学中彰显历史思维能力培养的印迹。笔者以高一年级《灿烂的文学艺术·唐》(华东师范大学版)为例,根据不同学段不同学情的学生,围绕历史思维能力培养的教学目标进行了两次教学设计,且两次教学都取得很好的课堂教学效果。

一、基于历史理解能力的培养,借助史学思想方法去品读唐诗

历史理解能力包含利用各种史料来证明各种历史观点的能力。唐诗既是文学作品,也是历史史料,能反映时代的特征和风貌,具有一定的证据价值。笔者针对普通学生(有别于文科实验班、创新实验班等在某些领域有特长和爱好的学生,他们代表同龄学生群体的整体水平),让学生在默会史学思想方法的过程中去解读唐诗;针对资优学生(文科实验班、创新班的学生),让学生在运

---

① 周仕德、李稚勇:《美国中小学历史教育培养学生能力问题研究及启示》,《外国中小学教育》2013年第2期。

用史学思想方法中去发现唐诗、走近唐朝。

1. 立足普通学生,习得文史互证的史学思想方法

文学艺术作品是作者所处时代和作者本人思想、实践的反映,甚至可以反映一个时期或者多个时期社会发展特征和社会心态。笔者展示具有写实风格的唐朝诗人白居易的部分"晒薪"诗句:"俸钱万六千,月给亦有余""月惭谏纸二百张,岁愧俸钱三十万""俸钱七八万,给受无虚月""月俸百千官二品,朝廷雇我作闲人"和"寿及七十五,俸沾五十千",引导学生思考:从白居易的诗句中可以获得哪些信息?这些信息可以用来研究什么?通过讨论,学生发现,白居易的"晒薪"诗句应该是个人生活现状的自然流露,属于无意史料。通过这些薪资数据,我们可以研究唐朝官员的收入情况。如果用大米折算唐朝官员的薪资,我们会发现,唐朝官员的薪资在古代官员薪资体系中属于高位。为印证唐朝高薪养廉的思想和唐朝官员收入颇丰的史实,笔者进一步展示《日知录》(卷12,《俸禄》)和《通典》(卷16,《选举六》)中关于俸禄的记载:唐玄宗于天宝十四载下诏,"衣食既足,兼职及知。至于资用靡充,或贪求不已,败名冒法,实及此由"。唐人沈既济曾曰:"禄利之资太厚,得仕者如升天,不仕者若沉泉,欢愉忧苦,若天地之相远也。"通过引证、剖析这些史料,学生既知晓了唐诗诗句透出的历史表层信息,也通过思考表层信息背后可供深入探讨的历史问题,习得以诗证史的史学思想方法,还看到了文学和史学作品之间的互证价值。

2. 立足资优学生,习得多元视角诠释历史的史学思想方法

从少到多、从点到面收集历史信息,从自然环境、经济状况、政治形态、文化传统、社会生活等视角去理解历史过往,并从中获得解释与评价历史事件的基本方法。这是历史学科需要培养学生的历史思维能力之一。笔者针对资优生文史功底较为扎实、知识面较为广博的特点,提供学生初高中读过的部分唐诗诗句,引导学生

从诗句透露的历史信息中多视角地走近唐朝、了解唐朝。作为示范,笔者列举杜甫"忆昔开元全盛日,小邑犹藏万家室。稻米流脂粟米白,公私仓廪俱丰实。"的诗句,指出,从这首诗中我们可以直观看到开元全盛时期小城市户籍人口多,公家私家粮食满仓的情况。这些诗句提供了有关唐朝经济方面的信息。之后,学生模仿、体验在其他诗句中发现历史表层信息的方法。诸如在唐诗"千里莺啼绿映红,水村山郭酒旗风。南朝四百八十寺,多少楼台烟雨中"中发现属于自然地理方面的信息:看到江南春天风光和佛教寺庙数量多的景象;在"四边伐鼓雪海涌,三军大呼阴山动"中发现军事方面的信息:唐朝此次军事活动的军队规模很大;在"童子解吟长恨曲,胡儿能唱琵琶篇"中发现文化方面的信息:白居易的诗家喻户晓,小孩子和少数民族都能够背诵;在"洞房昨夜停红烛,待晓堂前拜舅姑"中发现属于社会生活方面的信息:知道洞房第二天媳妇要见公公婆婆的社会风俗和礼仪;在"问之不肯道姓名,但道困苦乞为奴"中发现属于政治方面的信息:看到安史之乱之后王室子弟落魄流浪的情景;在"春风得意马蹄疾,一日看尽长安花"中发现属于心理方面的信息:知道进士考试发榜在春天,看到孟郊登科后欣喜之极的心情。学生通过自己挖掘唐诗诗句中的历史表层信息,模仿从唐诗中汲取、鉴别和归纳表层信息的方法,习得从多元视角诠释唐朝社会历史状况的思维方法。

二、基于历史研究能力的培养,获得质疑反思的逻辑思维方法

历史研究能力包含获取历史资料并向历史资料提出问题,构建合理的历史解释的能力。作为历史资料,有的唐诗能以诗证史、以诗补诗和以诗疑史,但作为文学作品,唐诗绝非信史。我们需要

结合其他史料和缜密的逻辑思维进行论证和推理,才能通过唐诗接近历史的真相。

1. 立足普通学生,知晓以诗疑史的史学思想方法

笔者列举五代《旧唐书·回纥传》记载的回纥与唐朝进行"绢马互市"交易的案例,指出,传统史家认为这种交易是不公平的,回纥借助帮助李家王朝平定安史之乱之功,通过不等价的交易换得大量丝绸,这给唐朝带来沉重的负担。那《旧唐书·回纥传》的观点对吗?笔者借用白居易的《阴山道》,通过"疏织短截充匹数。藕丝蛛网三丈余,回鹘诉称无用处"的诗句,引导学生分析诗句的含义,学生从诗句中发现唐朝给回纥的丝织品的质量也不怎么样,双方都有欺诈行为。笔者通过以诗疑史,让学生进一步感悟唐诗在文史互证取信方面的史学思想方法,进而勾起学生探究以诗证史、以诗疑史之外的唐诗史学价值的兴趣。

2. 立足资优学生,习得逻辑与历史一致的史学思想方法

在挖掘唐诗反映历史深层信息的过程中,笔者十分强调结论判断的逻辑思维缜密性,强调三段论中"大前提"的重要性,以及用历史主义的方法来理解或存疑。在汲取唐诗深层信息的过程中,有学生认为"朱门酒肉臭,路有冻死骨"的诗句,反映当时唐朝贫富差距十分严重的状况。笔者抓住这个判断结论,指出,如果贫富差距严重的结论成立,首先要确保"朱门酒肉臭,路有冻死骨"这件事是真实存在的。因为唐诗作为文学作品,可以用间接、夸张、局部等诸多形式来表达。如果"朱门酒肉臭,路有冻死骨"的史实不存在,那么所有的推论都是没有意义的。事实上,后人从很多史料中已经证实安史之乱之前"朱门酒肉臭,路有冻死骨"的现象的确存在。那么,如果诗句"朱门酒肉臭,路有冻死骨"是客观真实的,那是否就能推论出"贫富差距十分严重"的结论呢?也不能,因为这个结论必须符合一个大前提,即"一端奢靡一端饿死是贫富分化严

重的表现"。只有这个大前提存在,结合"朱门酒肉臭,路有冻死骨"的小前提,才能推出"贫富差距十分严重"的结论。笔者通过演绎、示范如何在严密的思维推论中获得唐诗深层历史信息的过程,进一步引导学生分析李白的"两岸猿声啼不住"的诗句。有学生认为,从这句诗可以推出唐朝当时长江三峡生态环境是好的结论,如果说这个结论是正确的,必须确保"两岸猿声啼不住"这件事是真实存在过的。据考古发现,300多年前长江三峡还有长臂猿,唐朝长江三峡能听到猿声应该是真的。即便如此,要推论出"长江生态环境是好的"结论,还必须符合一个大前提,即"有猿生活的地方生态环境一定不错"。通过逻辑与历史一致的思维推导过程,学生体验了从表面信息到深层信息最基本的逻辑思维特征,习得如何检验思维逻辑的合理性,反思认识与解决问题过程的正确性和准确性。同时,学生深深感悟到:简化思维过程可以增加思维的敏捷性,但还原思维过程可以使思维更严谨。这个思维过程看上去好像是"因为""所以"的关系,但其实是"大前提""小前提"和"结论"的三段论推理过程。反思"大前提"很重要,缺乏"大前提"的简单思维会犯错误。

三、基于历史问题分析并作出决策的能力培养,实践史学方法的综合运用

通过建模到体验,学生感受了从历史学视角品味唐诗的魅力,但如果仅仅停留在品味的层次上,那对学生知识的迁移、能力的提高作用不大。基于学生已有的历史分析和历史解释的能力,笔者针对普通学生和资优学生,在比平时的要求有所拓展或深化的目标下,进行旨在让学生运用习得的技能、方法进行重新整合信息,解决问题并提出自己见解的教学设计,从而进一步提高学生对历

史问题进行技能迁移、综合运用和作出决策的能力。

针对普通学生,笔者引导学生认识到:文学艺术作品可以和史料互证,文学艺术作品也可以互相印证,文学艺术作品更可以通过作者自己的作品来互证。笔者以李白《静夜思》中的"床"到底指什么?是睡觉的床?还是马扎?还是井栏?启发学生通过以上三条路径去考证"床"为何意,旨在引导学生从研究思路及方法路径去探讨问题。针对资优生,除了巩固学生对文学艺术作品在互证取信方面的认识外,笔者强化历史与逻辑一致的思维推理,以周昉《簪花仕女图》和杜牧《张好好诗帖》为研究对象,引导学生用历史大视野、多角度、重逻辑的思维方法来解读这些作品背后历史信息。

对教师而言,培养学生的历史思维能力,是一个长时段持续的过程,渗透在从初中到高中各个学段的历史教学中。对学生而言,历史思维能力的养成是一个不断发展、积累和完善的过程,是终身学习、训练和提高的过程。在历史思维能力培养的过程中,教师需要示范、建模,让学生在默会中建构史学思想方法,在体验中实践史学思想方法,最终达到提高历史思维能力的目标。只有这样,中学历史课堂才会散发历史味道,才会充满历史学的智慧和生气。

原文发表于《历史教学问题》2016 年第 1 期

说 诗 论 史
——在史学方法中感受唐诗的魅力

20世纪初,美国新诗运动倡导者埃兹拉·庞德曾经说过,"中国诗是个宝库,今后一个世纪我们将从中寻找推动力,正如文艺复兴从希腊人那里寻找推动力一样"①。而中国的唐诗"上承风骚,下启词曲,成为中国文学流传最深广的文体"②。从文学角度去欣赏唐诗,我们可以体会到唐诗的气韵华美、意境壮美和情味优美;从史学角度去触摸唐诗,我们可以感受到文字背后透析出的历史厚度和人物风度。高中历史教材有涉及中国古代文学艺术的内容,如高中历史第二分册的"灿烂的文学艺术"就是专门介绍唐朝的文学艺术成就。一名中学历史教师如何在历史课堂上演绎唐朝的文学艺术成就?如何秉持历史课的学科特点,在教学的过程中不把历史课上成语文课呢?笔者认为,结合学科特点、找准切入点至关重要。笔者曾以"灿烂的文学艺术"为示范课,将唐诗作为史料,通过"以诗证史""以诗补史"和"以诗疑史"三条理路引导学生从史学思想方法角度去品读唐诗,感悟唐诗在文史互证方面的价值,感受无意史料、间接史料的证据价值,强化孤证不立的求真意

---

① 转引自王峰:《中国诗对美国诗歌创作的影响》,《求索》2011年第3期。
② 王健:《中国古代文化史论》,齐鲁书社2010年版,第106页。

识，习得互证取信的思维方法，领悟文学艺术作品反映的时代特征和社会风貌。

以 诗 证 史

笔者展示具有写实风格的唐朝诗人白居易的部分"晒薪"诗句："俸钱万六千，月给亦有余""月惭谏纸二百张，岁愧俸钱三十万""俸钱七八万，给受无虚月""月俸百千官二品，朝廷雇我作闲人"和"寿及七十五、俸沾五十千"[①]，引导学生思考：从白居易的诗句中可以获得哪些信息？这些信息可以用来研究什么？通过讨论，学生知道白居易的"晒薪"诗句应该是个人生活现状的自然流露，属于无意史料。通过这些薪资数据，我们可以研究唐朝官员的收入情况。如果用大米折算唐朝官员的薪资，我们会发现唐朝官员的薪资在古代官员薪资体系中属于高位。为印证唐朝高薪养廉的思想和唐朝官员收入颇丰的史实，笔者进一步展示《日知录》（卷12，《俸禄》）和《通典》（卷16，《选举六》）中关于俸禄的记载：唐玄宗于天宝十四年下诏，"衣食既足，兼职及知。至于资用靡充，或贪求不已，败名冒法，实及此由"，唐人沈既济曾曰："禄利之资太厚，得仕者如升天，不仕者若沉泉，欢愉忧苦，若天地之相远也"。这些史料可以达到以诗证史之效。通过这个环节的教学，学生感受到了无意史料传递的历史信息；通过以诗证史，学生看到了文学和史学作品之间的互证价值。

[①] 诗句分别摘自：《常乐里闲居偶题十六韵兼寄刘十五公舆王十一起吕二（上日下火）吕四（颖禾换火）崔十八玄亮元九稹刘三十二敦质张十五仲方》《醉后走笔酬刘五主簿长句之赠兼简张大贾二十四先辈昆季》《再授宾客分司》《从同州刺史改授太子少傅分司》《自咏老身示诸家属》等唐诗。

以诗补史

笔者展示了唐朝元和以后仕女妆容的图片,引导学生发现仕女妆容的八字眉、乌唇的特点。结合白居易的《时世妆》的诗句:"时世妆,时世妆,出自城中传四方。时世流行无远近,腮不施朱面无粉。乌膏注唇唇似泥,双眉画作八字低。妍媸黑白失本态,妆成尽似含悲啼",以及秦韬玉《贫女》的诗句:"蓬门未识绮罗香,拟托良媒亦自伤。谁爱风流高格调,共怜时俗俭梳妆。敢将十指夸纤巧,不把双眉斗画长。苦恨年年压金线,为他人做嫁衣裳",引导学生认识史书中没有记载的这种妆容,在唐诗中却点出了妆容的名称(时世妆)、发源的地方(长安)、流行的程度(广)等很多信息。这些诗句丰富了图像史料背后的信息,让学生感受间接史料传递着历史信息;也通过以诗补史,学生进一步看到了文学艺术作品之间的互证价值。

以诗疑史

唐朝与少数民族有很多贸易往来。在官方史书中我们也会看到有抱怨少数民族在贸易中的不公平行为。如五代《旧唐书·回纥传》记载,回纥凭借帮助李家王朝评定安史之乱有功,"以马一匹易绢四十匹"对这种"绢马互市"交易,传统史家认为马价过高,成了唐朝沉重的负担。这些给唐朝的马并非匹匹是好马,每年死伤十之有六七,所以史料里说,"我得马无用,朝廷甚苦之"。这些记载流露出官方对少数民族的不满。但在白居易的《阴山道》中,通过"疏织短截充匹数。藕丝蛛网三丈余,回鹘诉称无用处"的诗句,学生发现唐朝给回纥的丝织品的质量也不怎么样,双方都有欺诈行为。但笔者强调,如果仅仅从白居易的《阴山道》这首诗来判定唐朝官方之诈,这是孤证不立。我们还可以从其他间接史料中进一步质疑传统史书"只言回纥之贪,不及唐家之诈"。通过以诗疑史,学生在原有史学思想方法的基础上,进一步确立了无征不信、孤证不立、明辨事理的史学思想方法。

从"以诗证史""以诗补史"到"以诗疑史"的教学引导过程,其实质是教师构建诗歌在文史互证方面的方法、模式,是一个利用唐诗来"建模"的过程。之后教师要进一步深入,引导学生按照老师呈现的文史互证的方法、模式去独立剖析唐诗,提炼文学艺术作品在取信方面的方法路径。通过"建模—体验—提炼"的三步教学流程,让学生在史学方法思想的海洋中,感受唐朝文学艺术作品的生命力和价值感。

默会与体验

在建构文史互证思路和方法的基础上,笔者以学生耳熟能详的《卖炭翁》为切入口,引导学生自己体验用史学思想方法剖析唐诗的过程,加深对文学艺术作品可以取信的认识。

笔者围绕白居易的《卖炭翁》,提问学生:从诗中可以获得哪些信息?从一开始的简单表层信息,如南山可伐薪、烧炭,长安有较大的雪,用牛车做运输工具等,到后来引导学生认识一些深层次的历史信息,如市南门外可自由买卖,皇家的宫市,钱贵绢贱等。之后,笔者提出问题:白居易的《卖炭翁》能否印证长安城建置?学生依据两句诗句,"市南门外泥中歇"和"回车叱牛牵向北",指出

"南"和"北"印证了唐代城市布局,也体现白居易的写实风格。接着,笔者设问:如何证明卖炭翁的故事可能发生过?学生通过宦官强买强卖的事情在历史上是否有过记载为依据,直接从"宫市"入手来破题考证。笔者进一步以晚唐韩愈《顺宗实录二》的记载,"贞元末,以宦者为使,抑买人物,稍不如本估。……名为'宫市'而实夺之",让学生感受以诗证史的快乐。接着笔者进一步追问:假如卖碳翁的故事是虚构的,诗中透露的信息还有没有史料价值?引导学生认识到,文学作品绝非信史,里面的史实可能以间接、夸张、局部的形式来表达,但我们可以把它看成作者所处时代和作者本人的思想、实践的反映。最后笔者提出:对于这首《卖炭翁》是否有质疑存疑的地方?"一车炭,千余斤"和"半匹红绡一丈绫,系向牛头充炭直"的诗句是否有夸张之嫌?通过这个环节的教学,学生从默会到模仿,亲身体验用史学思想方法分析唐诗的过程。

提炼与求通

从默会到体验,学生感受了从历史学视角品味唐诗的魅力,但如果仅仅停留在品味的层次上,那对学生知识的迁移,能力的提高作用不大。因此,笔者再次引导学生从白居易晒薪诗和唐朝史书中关于俸禄记载的互证中,发现文学艺术作品可以和史料互证。从《簪花仕女图》《宫乐图》和唐诗《时世妆》《贫女》中,发现文学艺术作品之间可以互证。此外,文学艺术作品除了以上两种方法路径取信之外,作者自己作品也可以互证,并以李白《静夜思》中的"床"到底指什么?是睡觉的床?还是马扎?还是井栏?启发学生通过以上三条路径去考证"床"为何意。为进一步巩固学生对文学艺术作品在互证取信方面的认识,强化文学艺术作品证史方法的训练,笔者留给学生一道课外探讨的问题:李白《静夜思》中的"床"到底指什么?从史学思想方法角度提供一份研究方案(主要包括研究思路及方法路径)。

中学历史学科的育人价值的精髓在于知真、求通与立德三个层面,在知真和求通能力的培养中,达到立德树人的终极目标。"知真是育人的基石""历史有其内在逻辑,追求历史与逻辑的一致,就要确立无征不信、孤证不立、因时因地、通古论今、鉴往知来、明辨事理的史学思想方法,求通识育人的路径"[①]。"灿烂的文学艺术"一课中的"说诗论史"设计,正是知真和求通的体现,也实践了如何在文学艺术作品中上出历史课的味道。

---

① 於以传:《知真 求通 立德——中学历史学科育人价值概述》,《现代教学》2013 年第 Z2 期。

第四章

追求卓越，从每堂课开始

人们常用"台上一分钟，台下十年功"来形容有造诣的演员经过长时间的艰苦磨炼后在舞台表演上的成功。教师不是演员，但是教师在课堂上的成功同样需要经过长时间的努力才能达到。一堂精彩的课，往往凝聚着教师大量的心血，把它们记录下来，与同行交流、切磋，是一件很有意义的事。本章汇集的文章就是此类作品，其中有对教学理念的探讨，也有具体的教学设计和案例分析，以及面对高考改革和受到疫情影响的教育应对之策，都是来自教学第一线的教师心田耕耘的可贵记录。

追求卓越,从每堂课开始

今年是我从教第 25 年,从踏入复旦附中的第一天起,我一直站在三尺讲台上,不管担任什么行政职务,上好每一堂课是我最投入的一件事。面对上海各区选拔进来的资优生,怎样的历史课算是一堂好课?这也一直是我在思考中实践、在实践中反思的问题。每个时代的学生群体因时代特征不同而有其特有的时代气质和特点,这些"时代"因素或多或少也会影响到"好"课的评判标准,比如20 世纪 90 年代,是否用电脑上课是一堂"优课"的评估标准之一。当下的"优课"评估也会关注多媒体信息技术的运用,但评委不会看外在的信息化技术手段是否运用,而更多的是评估这些多媒体技术运用的有效性和价值性。如果抛开时代变化因素,面向未来,从以学生为中心、以人的全面培养这个教育目标出发来诠释一堂好课的话,不同时代的好课是有共性的,那就是:教师首先要能点燃学生思维的火花,其次是点亮学生解决问题的能力,再次是点化学生正确的"三观"。

从我的第一批 20 世纪 70 年代末的学生到如今的 00 后学生,我深刻感受到 30 年的跨度在复旦附中学生身上表现出的不一样的时代特点,同样,他们身上还有许多共同的特点,如聪明、好学、自信、广博,不轻易相信说教,具有批判性精神,喜欢把老师问倒等。在这样一个学校,面对这样一群高智商的学生,只有把课堂教学提升为课堂"教学艺术",才能让学生打心底里佩服。而这个"教学艺术"体现在我的课堂里,那就是教师的教学要注重思维、情感和方法,将三者融会贯通,达到大道至简的教学境界。

重思维,即培养学生在已有知识和经验的基础上,对现实或历史等问题采用分析、判断、推理等形式进行理性思考,进而形成自己的观点。重情感,即引导学生用历史的眼光去评价历史人物的性格特征、行为和动机,用基于社会道德观的角度去分析个体的价值观和行为对他人造成的影响,常怀包容之心。重方法,即引导学生秉持实证精神和科学方法去探究问题,注重历史研究的跨学科探索,有意识将历史与文学、化学、地理、心理学等学科结合起来,培养学生知识贯通和迁移能力、释史求通的能力。可以说,重思维是历史深度的课堂体现,重情感是历史温度的人文折射,重方法是历史效度、信度的技能支持。"三重"某种程度上与教学目标(知识与技能、方法与过程、情感态度和价值观)相吻合。

一、"发现问题",点燃学生思维的火花

"问题学习"是新世纪的一种学习方式,即从"教"走向"学",学习者提出"我的问题",并与同伴协同学习,在教师引导中去解决真实的问题,由此完成自身知识的建构。当学生把"发现问题"变成自觉行为的时候,把似乎无疑的史实、观点变成有疑的探究点,推动自己把课堂的"真实问题"转变为课堂内外思维碰撞的时候,一堂历史课的生命力就不仅限于课堂里了,历史课的魅力就不言而喻了。培养学生"发现问题"的意识,需要教师的启发和持之以恒的培育。

比如,在讲授英国资产阶级革命时,教师们一定会提及《大宪

章》。2015年恰逢《大宪章》诞生800周年,英国皇家造币厂发行了一套纪念币,铸币上印着约翰王一手握着羽毛笔,一手拿着宪章文件。我问学生,这个纪念币反映了设计者的什么想法?学生一致认为纪念币表达的设计者想法是:1215年,约翰国王签署了《大宪章》。接着,我展示了《大宪章》文本的照片(2015年2月2日,为纪念《大宪章》发布800周年,4份官方抄本在大英图书馆展出),请学生找找里面是否有国王的签名,学生发现没有。那到底约翰有没有签署《大宪章》呢?这个问题是教师课前有意设计,目的在于让学生无疑之处生疑,进而激发他们探索的欲望。

学生通过查阅英国专业网站资料,咨询相关领域专家,最终找到了答案:约翰王的确没有在《大宪章》上手写签名,但是以盖章蜡封的方式表明《大宪章》有效。据说,当时约翰手上戴着一枚戒指,而这种戒指是专门设计用来替代签名的。因为当时国王不识字的较多,所以他们只需要将熔化的蜡油滴一点在要签字的地方,然后将戒指往上一按即可,这个印章也就是皇家御玺(有蜂蜡和树脂封蜡)。更有意思的是,学生还发现有的史料说,一开始《大宪章》的确是国王和贵族们之间的口头协定,文件是口头协议之后起草的,约翰王可能没有亲自盖上王室印章,而是身边的官员盖上的。而目前4份《大宪章》的版本是1215年的,当时这份协议出台后,其副本抄送至各地,由皇室官员以及各主教保存。事实上,在1215年之后《大宪章》又经过了6次修订,而我们今天所熟知的内容其实是来自约翰王的儿子亨利于1225年所颁布的版本,该版本也明确了国王不得随意征税的规定。通过这个源于情景的"真实问题",学生们知道了"签署"并非都要签字,加盖王室印章也是表示国王认可的一种方式,而加盖印章是中世纪欧洲文件生效的一种传统方式。当然,学生对英国皇家造币厂发行的纪念币应该是历史场景理解的错误,当代人不能用当代人的想法去覆盖历史的真实性。

其实,早在21世纪初期,曾有学生提出过这个"签署"问题,他到英国去旅行,父母带他去看了索尔兹伯里大教堂展出的1215年英国《大宪章》的羊皮手抄本,这个手抄本上没有英国"无地王"约翰的签字,但他听到的和看到的都说《大宪章》是英国国王和英国贵族签署的文件,那手抄本是真的还是"签署"的说法是错的?抑或是约翰王口头答应贵族这份文件呢?对于这个问题,我当时无法回答,因为我没有看到这份《大宪章》的真实版本,但我相信学生说的是真的,他的确没有亲眼看到约翰王在羊皮纸上的签名。我的直觉判断这是一个非常值得探讨的问题。之后,每讲到这段内容,我总喜欢拿这个问题去激发学生主动探究、关注身边历史的兴趣。这个有关《大宪章》签字问题的学术研究,其未必与高考有关,但它背后启发我们去关注习以为常的历史细节,在历史细节中发现问题,并打破用现代语境去理解过去历史的思维习惯,学生们在释疑的过程加深了对《大宪章》的真实解读,接近了历史的真实。而这也正是历史学科核心素养之时序观念的培养目标,即让学生明白,任何历史事物都是在特定的、具体的时间和空间条件下发生的,只有在特定的时空框架当中,才可能对史实有准确的理解。

围绕这个是否签署的问题,学生在史料搜集、史料实证中还提出了他们感兴趣的或者网络上就《大宪章》的讨论而产生的大众问题,比如为何这份文件是用拉丁文写的?为何不用当时贵族通用的法语或者平民使用的英语来撰写?是否民间还有其他语言版本的《大宪章》?《大宪章》在当时的影响力到底有多大?《大宪章》的准确颁布时间是哪一天?而这些问题都是基于学生课外对《大宪章》的解读之后产生的,这些问题又进一步激发了学生打破砂锅探究到底的精神。因此,一堂好课不仅仅在于课内解决什么问题,更重要的是课内如何去发现问题,发现问题之后课外还能解决什么问题。

二、"精选史料",点亮学生历史思维的能力

在历史教学中发现问题,在史学研究中解决问题,是历史教师教学的指导思想。学习历史对学生的培养来说,其重要之处在于培养学生的历史思维能力。历史思维能力有高低之分,且随着对历史学习的深入,有一个由低渐高的发展过程。参考英国、美国《历史学科国家课程标准》对历史思维能力界定[①],我认为历史思维能力可分为历史时序思维能力、历史理解能力、历史分析与历史解释、历史研究能力、分析历史问题并作出决策的能力。这五个方面的历史思维能力能够让一个人具备用历史眼光审视、宽容过去,用人文情怀理解、正视现实,用理性思维憧憬、构建未来,并具备"一种向里看,并且追问'我是谁'的能力"。如何培养历史思维能力?重要的阵地当然是课堂,而课堂的重要载体是史料的阅读、分析、理解和阐释。课堂时间是有限的,但教师用来辅助教学的史料是无限的。一堂好课不在于史料用的多,而是看史料是否用得精、用得巧。因此,"精选史料"进行有效教学,是体现教师史学素养和教学技能的重要方面。

孔飞力曾写了一本《叫魂:1768年中国妖术大恐慌》的历史专著,讲述了18世纪乾隆盛世下,发源于江浙但波及全国的叫魂案,分别从普通百姓、大小官僚和乾隆皇帝视角,描述了原本一种民间妖术所带来的恐惧如何从地方蔓延至全国,如何从地方上升到中央的政治事件,最后,谣言演变为一场自上而下席卷全国的除妖运

---

① 周仕德、李稚勇:《美国中小学历史教育培养学生能力问题研究及启示》,《外国中小学教育》2013年第2期。

动。这个真实的历史事件似乎和中学历史教学没有关系,但这段历史却能说明一个道理,即"康乾盛世"表面上是极盛的年代,但实质是一个镀金年代,除妖运动折射了清朝的落日辉煌,隐含着对清皇权高度专制下的悲哀。这本书不可能在课堂上整本阅读,因此,我选择了叫魂案的一些生动史实案例,引导学生认识到,乾隆盛世表面上的强大昌盛掩盖不住社会内部的各种矛盾和危机,即便乾隆皇帝已稳固江山,也难免有一丝政权被汉人推翻的担忧。

比如,我引用书中的一个史实,"在暑热的7月18日晚上,他(姓孟的农夫)睡在自家茅屋的后房,而他的妻子则与孩子们睡在前屋,前门敞开着以图凉快。孟对官府说,天快亮的时候,'我身上发颤,就昏迷了。我女人叫我不醒,忽见我的辫子没了四五寸'。被惊醒的孟妻听说过,把割剩的辫子都剃净并洗一下头,就能躲过灾难。因此她叫来理发匠把昏迷的丈夫的头剃了并洗了头。"剪发在清朝是一个犯大忌的事情,清朝《大清律例》中明确要求老百姓留发辫,这种剪发辫的行为似乎在挑战清王朝的剃发制度。虽然是因为对妖术的恐惧,老百姓不得不剪发,但乾隆皇帝认为有人正利用"剪辫妖术来煽动汉人对大清帝国的仇恨,并阴谋挑起反满叛乱"。在乾隆皇帝的高压下,整个官场官员被调动起来,进行了一场除妖的清剿运动。叫魂案在"康乾盛世"章节中的运用,既反映了"历史就是整个社会的历史",也反映了"每个社会都以自己的方式对政治权力的限度作出界定。没有哪个社会愿意长期容忍不受限制的专权"。

"戊戌变法"是中学历史教材中的重要一个内容,它作为以近代先进知识分子为主策划的改革运动,虽因维新派自身的孱弱和理想主义,以及封建旧势力的强大而壮志未酬,然而它的"唤醒"与"警世"意义,却在民族复兴道路上留下了无法湮没的"回声",也为苦苦求索中国现代化之路的国人留下了一段悲情的记忆和宝贵的

第四章　追求卓越，从每堂课开始

财富。在分析"戊戌变法"失败的主要原因时，维新派的宣传、发动停留于上层知识分子而忽视下层百姓的参与，这是一个比较重要的原因。我在讲授这段内容时，选择了19世纪"不缠足"运动的史料。

"不缠足"运动是和维新运动一起发展起来的，郑观应、康有为等把"不缠足"运动和救国保种、国民智育挂钩起来。梁启超还说，"缠足一日不变，则女学一日不立"。为宣传"不缠足"思想，维新派发行报刊、组织学会、开办女学，这也是后来维新运动开展的主要方式。不缠足协会分布广东、湖南、上海等多省市，人数有几十万人，而且得到了张之洞、陈宝箴等官员的支持，这些运动的轨迹也和维新变法运动的历史足迹与特点极为相似，只不过维新变法得到了更高统治者光绪皇帝的支持。"不缠足"运动似乎就是早期的维新运动的缩影。当穿过这次运动光鲜的表面，我们会发现，各地不缠足协会的发起者都是男子，参加不缠足协会的会员也都是男的，据统计，"湖南那1060名不缠足会的人，没有一个女性"，真正应该被解放的妇女并没有参与其中。有时候，妇女的保守思想比男人更胜一筹。吴玉章曾说，"上海成立了天足会，我和我的二哥便成为反对缠足的激进分子，我的大哥也同情我们……但是我的大嫂却无论如何也听不见我们的话，竟自把女儿的脚给缠上了。唉，变什么法？维什么新？就在自己家里也行不通"。这种现象其实反映了中国封建传统思想的根深蒂固。但维新派很理想主义，严复说，只要皇帝亲自下一封诏书，给老百姓讲清楚缠足的坏处，并且对缠足者严加惩罚，废除缠足其实是一件很容易的事情。康有为甚至估计只要三年时间就可以做到。这种形而上的"不缠足"运动遇到了理想主义和无实权的皇帝，运动随着百日维新的失败而偃旗息鼓也就可想而知了。"戊戌变法"运动失败的因子其实在维新变法运动早期，维新派发动的"不缠足"运动可以窥见一斑。

以上两个案例是以小见大、由表及里去理解历史事件、历史发展背后的深层问题,将现实中的人带入历史场景和情怀之中,让现实中的人与历史中的人和事隔空对话、包容理解。笔者遴选出凸显细节的史料资源,通过史料叙史见人,见微知著,释史求通。

三、"阅读名著",点化学生正确的"三观"

课堂中的史料教学,教师一般采用片段式的、碎片化的史料展示给学生,这一定程度会带来对史料解释准确性与否的问题。最典型的例子是法国元帅福煦在《凡尔赛和约》签订后说,"这不是和平,而是20年的休战",大家对此话的理解是:福煦觉得《凡尔赛和约》条约严厉制裁了德国,埋下了德国人仇恨的种子,可能在未来引发另一场战争。但据丘吉尔在《不需要的战争》的回忆录里记载,福煦的这句话是对法德两国未来的担忧,而非针对凡尔赛体系。因此,教师在运用史料时,要在历史语境中去定位史料的证据价值。史实史料的准确性是一条不能失守的底线。"它告诉学生:我们来自何处;而价值观与历史观更不能魂不守舍,因为它告诉学生:我们将去向何方!"[①]由此,为避免对名家观点的误解,笔者引导学生进行整本书的阅读,尤其开展名著阅读,在阅读中进行文本、作者和读者的心灵对话,这对培养学生在历史语境中去体会、感悟、理解历史过往、客观分析历史人物有着极其重要的作用,使学生能在整本书的阅读中去倾听作者、自己和时代的声音。课外的"阅读名著",对一堂好课来说,可以增强课堂师生教与学的共鸣。

---

① 虞云国:《历史教学中的价值观、历史观与史料史实》,《历史教学问题》2011年第2期。

第四章 追求卓越,从每堂课开始

笔者曾结合第二次世界大战的学习,指导学生阅读了由法国历史学家马克·布洛克撰写的《奇怪的战败:写在 1940 年的证词》一书。这本书是 20 世纪最具影响力的历史著作之一,意在剖析法国在 1940 年战败的原因。这本书既是学术著作,也是口述回忆录。在指导学生分析阅读《奇怪的战败:写在 1940 年的证词》的章节时,笔者结合教材内容,设计了以下问题。

1. 作者在这一章节中要表达的个人思想和情感是什么?请简要概述。——此问题背后的阅读能力目标是培养学生历史理解和叙述能力。

2. 在这一章节中你获得的历史信息有哪些?请列举 3—5 个。——这是培养学生基于关键词、关键句的挖掘,汲取历史表层和深层信息的能力;在抓关键词句、复述作者观点、论据的过程中,教师引导学生关注作者是如何建构论证的过程,提醒学生在章节的页边写上自己阅读时产生的问题、疑惑或者观点,写下自己是否赞同作者的推论和观点。

3. 在这一章节中,有没有令你质疑的信息?如有的话,你如何集证辨据?——这是对学生质疑意识和分析问题、解决问题能力的培养;同时,针对学生的质疑或者疑问,教师引导学生合作探究,建立学习共同体。

4. 在这一章节中,有你无法理解的历史叙事吗?如果有,是哪些?——这是引导学生经历从阅读文本到阅读作者进而阅读自己的心路历程。因为任何文本都带有作者主观意志和时代烙印,所以通过这些"无法理解"让学生了解作者没有写出的,或者故意不写的东西可能是什么,其中的原因会是什么。这些问题内化为个人的阅读思考意识后,学生就会在阅读中神入历史,进入作者的内心世界,进而倾听自己的心声。

5. 通过这个章节的阅读,你觉得布洛克在历史叙事方面能给你提供借鉴或者启示的是什么？——这个问题是有意识让学生学习布洛克，一个大历史学家的写作思路、方法，为自己撰写相关文章或者论文提供借鉴。

在读完《奇怪的战败：写在1940年的证词》最后一个章节后，我提出思考题：如果你是经历过这场战争的人或者战争后出生的人，读了布洛克的"一个战败者的证词"，你会如何看待这份证词？如果你是历史学家，你会用这份"证词"来研究什么？并简要论述研究的框架。

以上这些问题似乎与教材知识点没有很大的关系，但其背后是对人、对事的辩证思考。学生写给布洛克的话，充满了思辨和人文情怀。

学生1：对于您的分析内容，我表示受益匪浅，尤其是在第三章中对于自己包括所有法国人的反省。敢于如此批判自己以及自己的祖国而又合情合理、义不容辞的人是极少的。然而对于您所批判的现象是否仅仅限于当时的法国呢？它在今日似乎依旧存在，正确而深刻的认知永不会过时，它并不像那些法国指挥官的那些过时的战术思想，对于人与社会的幡然醒悟是一个恒长的话题。

学生2：现在的法国已经不再是您那个年代时的战火纷飞，取而代之的是文化艺术上的领先地位，以及经济等各方面的快速发展，成为欧洲一颗闪耀的新星，相信如果您能看到的话，也必然会感到十分的欣慰。不过，或许会让您失望的是，时至今日，在这世界之中，硝烟依旧从未停止，叙利亚的炮声还在响起，令人揪心，不过我还要告诉您一个不怎么让您愉快的消息，那就是在几周前，ISIS（一个恐怖组织）在法国巴黎实施了多地的恐怖袭击,在巴塔克兰剧场、法兰西体育场等各地,骇人的枪声打破了人们星期五的休闲平静,或许您无法想象在这个大部分地区早已步入现代化的年代,这样一种打击带来的不仅仅是一个城市、抑或是一个国家的忧虑,而是整个世界的震惊,ISIS也不是您当年遭遇的类似于德国法西斯这般纳粹主义,而是这个新世纪中遗留下的恐怖因素组合成的巨大怪物。我知道您不仅仅是一位史学家,更是第一次和第二次世界大战的亲历者,自然对于枪弹十分熟悉,然而早就和平发展的法国居然遭遇如此打击,着实令人唏嘘。

学生3:不知怎么的,您对于那时法国公民的描述让我觉得有些似曾相识,我在当今的中国社会中似乎也看到过那时候法国民众对于战争的态度。他们都有一种共同的认识:战争是军队的事情,与我们无关。这无疑是令人心痛的。

中国在二战中也遭受了巨大的损失,无数抗日先烈们抛头颅、洒热血,才换来了我们今天的和平。那个时候,中国相比于日本侵略者,装备落后、技术落后,正是依靠着军民一心、"全民抗战",才取得了胜利。可见战争的决定性因素在于"民",只要全民族坚定信念、众志成城,为国奉献,就一定能战胜侵略者。您的这本书如同敲响一次警钟,提醒着我们应把国家利益放在高于个人利益的位置上。

尽管世界大战的硝烟已经散去,但在全球各地,暴力冲突仍然此起彼伏。就在前不久,您的祖国首都遭到了恐怖袭击。但我相信总有一天,所有恐怖分子都会被绳之以法,因为正义必定会战胜非正义;人类,也必定会朝着真善美的方向发展前进!

　　学生4:我们现在应该质问的不是国家,而恰恰应该是自己。"反省自己,如果有错,那么即便是平民百姓我也不是他受到惊吓",这是先贤孟子告诉我们的。在批判国家的爱国教育出了什么问题之前,先想想自己是不是根本没有"国家"的概念。或许,只有这样,我们才能不那么鼠目寸光,成日拘泥于自己眼前的忧虑,而是为一个更大的命题而奋斗。大概如此吧。

　　对于历史教学来说,有厚度的历史课堂不是教师单方面的40分钟课堂教学就能体现的,师生长期课堂内外的广泛阅读以及阅读后产生的观点碰撞、同情之理解,才是我们需要的历史温度,才是历史价值观、史学视界要达到的境界。当然,并非读一本书就可以解决一个问题,围绕第二次世界大战,米尔顿·迈耶的《他们以为他们是自由的:1933—1945年间的德国人》、汉娜·阿伦特的《反抗"平庸之恶"》、古斯塔夫·勒庞的《乌合之众——大众心理研究》都是可以推荐学生进行整本书阅读的名著。作者虽不是历史学家,但基于口述历史和真实案例,他们对第二次世界大战的群众集体心理和行为进行理性的描写和分析,可以让我们换个视角和思维方式去接近和审视一段熟知的历史,这些无疑都会增加学生对历史过往的理解和宽容。培养一个理性的、有人文情怀的人,这不正是历史教学完善人格教育的有力体现吗?

　　俗话说,台上一分钟,台下十年功。教学行为某种程度上是属于心理学范畴的,教师的教学行为受到教师对学科教学价值标准和定位认识的影响,教师的专业成长也受到教师本身内驱力、教育情怀和教育环境等多种因素的影响。因此,即便同一堂课由同一个教师在其不同成长阶段演绎、展示,其是否是好课的评估标准也是不同的。好课的"好"是永无止境的,这就需要教师终生去努力、思考和实践,因为未来已来,因为教学本身就是一门永无止境的艺术,因为每个教师都有时代责任去培养好祖国的栋梁。

原文被收录于苏智良、於以传主编:《怎样上好历史课:来自上海市特级教师的方案与经验》,上海教育出版社2020年版

上好历史课,不只是教学问题

曾有一位大学教授问我:"为什么有学生喜欢历史而不喜欢历史课?"这个问题听上去很尖锐,会让历史教师比较尴尬,但这种情况确实存在。曾有老师从考试制度、教学进度、学生兴趣、教师能力等不同视角来分析其中的原因。我想,无论是什么原因,有一点似乎可以确认,那就是这个学生所听的历史课应该没有吸引力。那有吸引力的历史课是什么样的呢?

2020年,由苏智良、於以传主编的《怎样上好历史课:来自上海市特级教师的方案与经验》出版,这本书就在回答什么是有吸引力的历史课。问题的背后其实是在探讨一堂好课的标准是什么?一堂好课需要历史教师具备怎样的专业素养?一堂好课会给学生终生发展留下什么?可以说,"怎样上好历史课"不仅关乎学科本身的价值和生命力,更关乎我们将给这个世界留下怎样的一代人。

没有爱就没有教育

中国教育最重要的是"师道",亲其师,信其道,教师的生命、教育的精神在代代学生之间传递。

"怎样上好历史课"并非一个新话题。20世纪80年代,《历史教学问题》杂志曾发起过"上好一堂中学历史课的标准是什么"的主题讨论,林丙义、孔繁刚等老前辈提出"正确、具体、生动地讲授历史知识""不断提出问题,引导学生开展思维活动"等观点,引发了全国范围的热议。随着二期课改的深入推进,《历史教学问题》杂志再次发起"一堂好的历史课"大讨论,众多专家借助笔墨进行了思维的碰撞,教师们在关注"教会""会教"的同时,也关注到学生的"学会"与"会学"。"把握内容主旨""'神入'历史""聚焦以'学生为中心'的课堂建构"等观点和做法,得到全国历史教育界同行的肯定。但据我所知,以上这些讨论硕果没有结集成册,这难免有点可惜。

好在由苏智良、於以传主编的《怎样上好历史课:来自上海市特级教师的方案与经验》一书出版了。这本书汇总了上海"现役"历史特级教师在课程改革背景下的教学智慧与个人风采,读者可以从22位教师身上看到他们是如何诠释"怎样上好历史课"的内在育人理念和外在行为实践。正如苏智良教授所说,"这是一册饱含真知灼见、高品质的教学论文集",在这本书里,特级教师们"总结上好历史课的方法、路径、心得及独门绝技","对于即将走上讲台的师范生,对于年轻而有心气、有追求的历史教师,甚至是其他学科的教师,都是非常好的执教指南"。

的确,这本书让读者知道了一堂"好"的历史课应具备的专业标准和人文智慧,这本书的实用价值是不言而喻的,但比实用价值更可贵的是这本书字里行间充满了教师对教学的热爱之情,一种彰显了他们把职业当事业来做的执着追求、孜孜不倦的精神,从他们的文字中我们可以感受到"教育是一门'仁而爱人'的事业,爱是教育的灵魂,没有爱就没有教育"。我想,这是《怎样上好历史课:来自上海市特级教师的方案与经验》这本书传递给读者的精神价值所在。

两千多年前的孔子时代，中国教育的精神基因便被奠定。其时的教育既无学校也无课程，更无年限，还无群众集合之讲会，但有伟大的教师，孔子被尊称为至圣先师。他以身教、以行教，教育在教者与学者的生命中交融为一。中国教育最重要的是"师道"，亲其师，信其道，教师的生命、教育的精神在代代学生之间传递。

在这前后，雅典的教育家伊索克拉底阐述过"受教育者的特征"：首先，他能够处理生活中的日常事务，能够因为适应生活而快乐，具有深邃的洞察力。其次，他的行为在任何一个社会都是端正和得体的，如果碰到一群态度不友好或难以相处的人，他能够以平和的心情去面对。他处事公平，温文尔雅。再次，他能够适度地控制自己的情绪，在厄运和痛苦中不气馁，表现出男子气概，符合自然赋予的特点。最后也是最重要的一点，他从不恃宠骄横，也不因成功而忘乎所以。他始终做一个睿智的人，在机遇赋予他一些成就而非完全凭自己才能获得的时候，他觉得更应该持节制的态度。那些在灵魂方面表现出和谐的人，那些笔者称为智慧和完美的人，即具有完全美德的人，才是真正受过教育的人。

做这番回顾，意在示明，教育是人对人的教育，坚持教育中的"以人为本"，即意味着人是心、手、脑和谐发展的，不能单纯以智力的发展取代人的情感培育。舍此，这个人将是空洞的。

从"大脑"走向"课堂"

好课必定眼中有"人"，这个"人"是课堂里的学生，也是历史过往中的"人"。

在《怎样上好历史课：来自上海市特级教师的方案与经验》一

书里,这些特级教师们在三尺讲坛上辛勤耕耘的平均教龄为33年,即便已成为特级教师,但他们始终坚守在课堂、坚守在教育的第一线,依然好学力行,深耕、研究每一堂课。仔细研读每一位教师的教学主张,不难发现他们教学精进的共同之处,那就是"读万卷书,行万里路",不断"在阅读中发现世界",从"专"走向"博",从"读"走向"研",从"大脑"走向"课堂"。

在书中,我们看到为了上好"马克思主义的诞生"一课,教师品读《共产党宣言》是必须的;为了理解马克思主义是"在不断修正或完善和接受历史检验中渐趋成熟的",阅读《法兰西阶级斗争》也是需要的;为了让学生真正理解"真理的味道是甜的",去陈望道故居感受理想信念的力量也是应该的。为了上好"新文化运动"一课,有教师从青年胡适的大量日记和书信中探寻历史人物的内心世界,在洞察人物的心态和经历中领悟新文化运动的机缘、脉络和价值,感受"一花一世界"。也有教师从笔记《东鳞西爪》《西潮》中挖掘古代妇女缠足、中山装的故事等历史细节,让学生身临其境地感受民国初年社会生活的改革和进步。可以说,每位特级教师的课堂内涵是由无数书籍堆积起来的理论高度、人文深度和视界广度。处于人生"拔节孕穗期"的青少年需要教师正确理想信念的引领,需要教师思辨励志的理性指导。"在追求高效历史课的路上",历史"应上得'生动而深刻'",历史课要"用心灵启迪智慧",历史课要有"国家意识""通感意识""包容意识""全球意识"等。笔者认为,其中最重要的是教师专业素养和个人修养的不断提升,欲人文他人必先人文自己。

在《怎样上好历史课:来自上海市特级教师的方案与经验》一书里,我们看到"知识信息的丰富性""核心概念的聚焦性""教学结构的逻辑性""诠释论证的思辨性""过程方法的迁移性"等,这些都是好课的标准。我们看到在这些特级教师心目中好课的"好"都有一个基本标准,那就是要基于学生的视角来阐发与演绎。简单地说,好课必定眼中有"人"。这个"人"是课堂里的学生,也是历史过往中的"人"。

好课的"好"是永无止境的

真正的教育变革并不在于理论与口号的新颖和前卫,重要的是在于教师的日常教育实践、教育经验和教育思想,尤其是思维方式的不断改变。

在书里,我们发现这些特级教师从学生身心特点和成长规律去把握教学方式方法,用情景式教学、问题式教学、"神"入历史等教学方法让"冷峻概念"变成了"鲜活故事";让有价值的影视作品片段、漫画、油画、历史照片进入课堂成了研学素材;让学生的课堂生成问题成为问题链的重要节段,引导、培养学生在模仿、迁移中获得发现问题、解决现实问题或者预测未来的能力。

当学生离开学校后,他们或许会忘记很多,但如果他们看到《格林童话》,或许就会想起德国统一的情形;当他们看到《有着架子床的房间》的油画或许就会想起二战集中营里孩子们的憧憬;当他们看到董希文先生《开国大典》的油画,或许就会想起中华人民共和国成立之初的风云往事……"避免概念飞来飞去、帽子甩来甩去",一定不让"学生对历史的兴趣和渴望消弭在教师对历史知识自以为是的切割和分析中"。这就是从"人"的视角去理解历史学科的育人价值,基于唯物史观去培养学生用历史眼光审视、宽容过去,用人文情怀理解、正视现实,用理性思维憧憬、构建未来,并具备"一种向里看,并且追问'我是谁'的能力"。怎样上好历史课,归根到底是与人有关。正如苏智良教授所说,"历史课的灵魂是历史教师"。培养什么人,是教育首要的问题,这也是每个教师应该回归教育本质去不断思考的问题。

怎样上好历史课?这不是纯粹的教学问题,而是关乎教育境界、国家未来的问题。从教师层面来讲,好课是思想高度与学术深度的融合、科学逻辑与教学艺术的结合、教养精深与学养精湛的并进,是教师们"始终带着学步者的心态,去享受教学探索的快乐";从学生层面来讲,好课不是"一书塑造万般同",而是"一溪初入千花明",学生在树立社会主义核心价值观、具备历史思维能力、形成完美人格的基础上,能拥有面向未来的创新意识和解决问题的能力,这是好课给他们带来的一辈子的财富。好课的"好"是永无止境的,尤其大数据时代下的"好"课,更需要教师有着前瞻性的思考和实践。

从《怎样上好历史课:来自上海市特级教师的方案与经验》一书中,我们深刻感受到:"教有中心,学有方法"。无论教师有多深厚的教学阅历,怎样上好历史课永远是"追求卓越,从每堂课开始"。

原文发表于《解放日报》2020年8月15日

关于历史细节运用于教学的思考

历史学科素养的培育,有赖于教师掘井及泉地提炼学科营养,以润泽学生的心灵世界。教学中只有叙事见人、释史求通、学史重法,方能在润物无声中获得历史启示和先哲智慧。我们需要在核心素养立意下进行具有大尺度、大视野和大情怀的教学企划与设计。但是,大格局离不开精细化的雕凿和细节性的诠释。那么,历史细节该如何选择,历史细节的叙述应该注意哪些?这些问题值得历史教师深入研究。否则,核心素养的滋育将成为束之高阁的空泛理念。现将笔者在日常教学中对教学细节的选择、运用和思考呈现出来,以期抛砖引玉。

一、细节诠释的准确性与理解史事的精度

有一次笔者和学生畅谈美国政治制度,有学生问笔者,"特朗普政府"等同于"美国政府"吗?美国行政机构数量的多少与美国总统权力的强弱成正比吗?其实,笔者知道这个学生刚刚读完林达的系列丛书,他是故意在拷问老师如何正确用中文准确表达美国的政治术语。在一些学生甚至老师的眼里,"特朗普政府"和"美国政府"似乎是一样的,但事实上,它们并非一个等同的概念。同

样,我们也不能简单地把美国行政机构数量与美国总统权力的大小挂钩。其中的原因有两点:首先,"特朗普政府"在英文中表述为"Trump Administration",其含义是"特朗普行政机构"或者"特朗普行政分支",而"美国政府"在英文中表述用"American Government","Administration"和"Government"用词的变化显示了美国总统制的特点,即美国总统虽然是联邦政府的最高首脑,具有最高的行政权,但他不是美国国家最高领导者,美国总统行政权力受到国会、最高法院的制约,用词的变化体现了美国三权分立的政治制度特色。其次,虽然美国现在的总统拥有最高的行政权力,如设立白宫办事机构、发布行政命令权力等,但这些权力并非总统制确定之初就设立。《1787年宪法》是美国总统制确立的标志。《1787年宪法》规定,总统有改组机构的创议权,有与外国缔结条约与行政协定的权力,有任命政府机构官员的权力等。但总体上说,从《1787年宪法》颁布后直到19世纪末期,美国总统的权力还是比较孱弱的,"弱政府"与"强国会"的政治现象一直存在,直到20世纪初期才有所改变。在《1787年宪法》的基础上,20世纪初期,在西奥多·罗斯福、威尔逊和富兰克林·罗斯福总统的努力下,总统行政权力的内涵和表现形式出现新的变化,诸如增加了总统对行政下属官员的免职权力、发布行政命令的权力、建立和配备白宫办事机构及人员、制定年度联邦政府预算和建立独立管制机构等权力。这些行政权力提高了总统的个人威望和地位,形成了以总统为核心的政府行政体系,也巩固了总统民主行政集权制度。因此,可以说随着美国总统制的发展,尤其到了20世纪30年代,在美国国会授权之下,美国总统的行政权力才达到了巅峰时期。因此,美国行政机构数量的多少与美国总统权力的强弱并非一直成正比。这些政治概念表述也属于历史细节的范畴,表述不准确可能会给学生带来概念上的混淆和不准确,进而形成错误的历史常识。可以说，历史教师教学语言的精准表达，既是教学细节的微观表征，也体现了一个教师掌握史识的深度。

二、细节呈现的通灵性与解读史实的宽度

史料浩如烟海，如何选择适切的史料去深化教材的相关内容，做到既能体现史料的印史、证实（或证伪）之效，又能引导学生进入历史的情境，借助时代的语境去理解历史的过往，这其实是对教师自身的文本阅读量和史料驾驭能力的考验。现在中学历史学界提倡叙事见人，教学中要体现人的历史和历史中的人，这完全符合高中、初中学生的身心特点。因为对历史问题的理解，尤其是遇到国家政治、制度兴亡等比较抽象的问题时，未成年人需要有一个从形象思维到抽象思维的引导，从而能更好地理解一些抽象的、纯理论的观点、概念。因此，教师在关注教学细节时，要尽可能把一些比较形而上的理论用通俗的、生动的、真实的故事来表述，这更能加深学生对发生的是过去、写出来的是历史的认知。

孔飞力曾写了一本《叫魂：1768年中国妖术大恐慌》的历史专著，讲述了18世纪乾隆盛世下，发源于江浙但波及全国的叫魂案，分别从普通百姓、大小官僚和乾隆皇帝视角，描述了原本一种民间妖术所带来的恐惧如何从地方蔓延至全国，如何从地方上升到中央的政治事件，最后，谣言演变为一场自上而下席卷全国的除妖运动。这个真实的历史事件表面上看似乎和中学历史教学没有关系，但其实，这段历史却能很好道出一个道理，即"康乾盛世"表面上是极盛的年代，但实质是一个镀金年代，除妖运动折射了清朝的落日辉煌，隐含着对清皇权高度专制下的悲哀。

教师可以引用书中的一些小故事，如"在暑热的7月18日晚上，他（姓孟的农夫）睡在自家茅屋的后房，而他的妻子则与孩子们

睡在前屋，前门敞开着以图凉快。孟对官府说，天快亮的时候，'我身上发颤，就昏迷了。我女人叫我不醒，忽见我的辫子没了四五寸'。被惊醒的孟妻听说过，把割剩的辫子都剃净并洗一下头，就能躲过灾难。因此她叫来理发匠把昏迷的丈夫的头剃了并洗了头。"剪发在清朝是一个犯大忌的事情，清朝《大清律例》中明确要求老百姓留发辫，这种剪发辫的行为似乎在挑战清王朝的剃发制度。虽然是因为对妖术的恐惧，老百姓不得不剪发，但乾隆皇帝认为有人正利用"剪辫妖术来煽动汉人对大清帝国的仇恨，并阴谋挑起反满叛乱"①。在乾隆皇帝的高压下，整个官场官员被调动起来，进行了一场除妖的清剿运动。课堂上教师运用叫魂案等生动的案例，引导学生认识到，乾隆盛世表面上的强大昌盛掩盖不住社会内部的各种矛盾和危机，即便乾隆皇帝已稳固江山，也难免有一丝统治被汉人推翻的担忧。叫魂案在"康乾盛世"章节中的运用，既反映了"历史就是整个社会的历史"②，也反映了"每个社会都以自己的方式对政治权力的限度作出界定。没有哪个社会愿意长期容忍不受限制的专权"③。

在小故事中折射大历史，这是细节教学的最佳境界。而细节运用是否贴近教材的内容和教学目标，决定于教师对历史细节的选择。这种历史细节的适切性，一定程度体现了教师自身文本的阅读量和知识面，体现教师知晓史料的宽度。

三、细节内涵的启示性与明辨史识的厚度

历史细节之美在于它能将现实中的人带入历史场景和情怀之

---

① 孔飞力：《叫魂：1768年中国妖术大恐慌》，陈兼等译，上海三联书店2014年版，第351页。
② J.勒高夫等主编：《新史学》，姚蒙编译，上海译文出版社1989年版，6页。
③ 孔飞力：《叫魂：1768年中国妖术大恐慌》，陈兼等译，上海三联书店2014年版，第2页。

中,让现实中的人与历史中的人和事隔空对话、包容理解;此外,历史细节之美有时也体现于它的见微知著,让人以小见大,窥见一斑,曲径通幽。

"戊戌变法"是中学历史教材中的一个重要内容。"戊戌变法"作为以近代先进知识分子为主策划的改革运动,虽因维新派自身的孱弱和理想主义,以及封建旧势力的强大而壮志未酬,然而它的"唤醒"与"警世"意义,却在民族复兴道路上留下了无法湮没的"回声",也为苦苦求索中国现代化之路的国人留下了一段悲情的记忆和宝贵的财富。在分析"戊戌变法"失败的主要原因时,维新派的宣传、发动停留于上层知识分子而忽视下层百姓的参与,这是一个比较重要的原因。而这个失败的因子其实从维新变法运动早期维新派发动的"不缠足"运动可以窥见一斑。

19世纪的"不缠足"运动是和维新运动一起发展起来的,郑观应、康有为等把"不缠足"运动和救国保种、国民智育挂钩起来。梁启超还说,"缠足一日不变,则女学一日不立"①。为宣传"不缠足"思想,维新派发行报刊、组织学会、开办女学,这也是后来维新运动开展的主要方式。不缠足协会分布广东、湖南、上海等多省市,人数有几十万人,而且得到了张之洞、陈宝箴等官员的支持,这些运动的轨迹也和维新变法运动的历史足迹与特点极为相似,只不过戊戌变法得到了更高统治者光绪皇帝的支持。"不缠足"运动似乎就是早期的维新运动的缩影。当翻过运动光鲜的表面,我们会发现,各地不缠足协会的发起者都是男子,参加不缠足协会的会员也都是男的,据统计,"湖南那1060列名不缠足会的人,没有一个女性",真正应该被解放的妇女并没有参与其中。而且,妇女的保守

---

① 梁启超:《变法通议·论女学》,《饮冰室合集》文集之一,中华书局2015年版,第44页。

思想比男人更胜一筹。吴玉章曾说:"上海成立了天足会,我和我的二哥便成为反对缠足的激进分子,我的大哥也同情我们……但是我的大嫂却无论如何也听不见我们的话,竟自把女儿的脚给缠上了。唉,变什么法?维什么新?就在自己家里也行不通。"[①]这种现象其实反映了中国封建传统思想的根深蒂固。但维新派很理想主义,严复说,只要皇帝亲自下一封诏书,给老百姓讲清楚缠足的坏处,并且对缠足者严加惩罚,废除缠足其实是一件很容易的事情,康有为甚至估计只要三年时间就可以做到。这种形而上的"不缠足"运动遇到了理想主义和无实权的皇帝,随着百日维新的失败而偃旗息鼓也就可想而知了。

"不缠足"运动作为维新变法运动的一个侧面,能以小见大,由表及里去理解维新派变法失败的内在原因,这个真实的史实从见微知著的历史角度,把史料运用到极限,体现了教师驾驭史料的效度。

教学细节之美不仅在于阐幽发微、见微知著,也在于细节之中引发学生的历史思维,体现历史与逻辑的一致。教学细节并非必须运用于每堂课,但有了细节之美的课堂一定会让课堂增色不少。选择、运用和驾驭教学细节的过程,也体现了教师的教学设计能力和个人的学识素养。

原文发表于《中学历史教学》2018年第4期

---

① 吴玉章:《吴玉章回忆录》,中国青年出版社1978年版,第9页。

浅议初高中教学目标的衔接和分解
——以"中华人民共和国成立及向社会主义过渡"一课为例

2019年5月,"贺祖国七十华诞,研共和国史教学"主题教研活动在上海成功举办。这次活动的亮点之一是四位初高中教师围绕初中"中华人民共和国成立"和高中"中华人民共和国成立及向社会主义过渡"两课进行联合说课,展示了基于一个共同主题的初、高中同课异构的教学设计。这次联合说课活动注重初高中教学目标的衔接与分解、教学内容的聚焦与拓展、学习方法的运用与迁移,突显了初中教学设计的基础性、完整性,以及高中教学设计的深度性、合作性。可以说,无论是说课的形式还是说课的效果,无论是活动的实效性还是活动的开拓性方面,都得到了同行的肯定。与会者都不约而同思考一个核心问题:在统编新教材使用后,教师如何衔接和分解同一主题的初高中教学目标。对此,笔者谈一下自己的想法。

一、衔接与分解的指导思想

教学目标是教师通过课堂教学到底要解决什么问题的一种预设。教学目标一方面是教师依据课程标准而定,另一方面也依据学情而定。高中教师不能浅化教学目标,初中教师也不能超越学生的认知规律和思维能力去刻意拔高教学目标。教学目标的指导思想应是以学生为本、以学定教。因此,教师应该从初高中学生的身心特点、认知水平和学科能力的差异等方面找到教学目标的契合点、分野点和提升点,从具体到抽象、从显性到隐性,拾级而上制定教学目标。

比如,初中"中华人民共和国成立"和高中"中华人民共和国成立及向社会主义过渡"两课的教学目标都涉及引导学生理解中华人民共和国成立的里程碑意义。在教学目标的设计中,初中教师通过枚举"新中国新气象"之"新"成果,以具体事例帮助学生形成客观、显性、生动的知识认知,进而理解"里程碑"的意义;而高中教师在预设初中学生已具备相关知识储备的基础上,着力将过渡时期新中国的政权巩固、外交活动、社会主义制度建设归于毛泽东思想指导下的国家行为,凸显在中国道路开创过程中,毛泽东思想的精髓及其对中国社会主义建设的巨大意义。因此,高中教学目标不能仅仅停留在深化知识点上,更主要的是将教学目标上升到对抽象的、隐含在教材背后的重要思想理论的理解,认识到理论对实践的指导意义,由此体现初高中教学目标对学生不同理解层次要求。可以说,高中的教学目标是基于初中之上的从具象到抽象的历史概念深层次认知。

二、衔接与分解的实施抓手

1. 熟透教材,找出文本差异处

目前,上海大部分区的历史学科教研活动都是初高中分开进行的,带来的结果是初高中教师往往只分别关注自己所教学段的教材内容,尤其高中教师缺乏经常去看看初中教材和基于初中教材内容来设计高中教学目标的意识。这种情况不利于初高中教学目标的衔接和分解。因此,从课堂教学有效性来看,作为高中教师,一定要通览初高中教材的内容,避免相同知识点的简单重复。相同的知识点,初中应该呈现简单的、具体的、史实性的,而高中要侧重分析、理解复杂的、抽象的、史论性的。在初高中知识点的对接过程中,哪里有疑惑,哪里就有断层,断层之处必然有教学设计的生长点。

比如,以理解"中华人民共和国成立的里程碑意义"为例,初中教材没有涉及"毛泽东思想"伟大意义,而高中教材对理论概念有了清晰的表述:"在建立中华人民共和国和在新中国建立社会主义制度的过程中,毛泽东发挥了独特的作用。毛泽东思想不仅是新民主主义革命的指导思想,也是社会主义革命、社会主义建设的指导思想。"如果高中教师不熟悉初高中教材内容,很容易忽视或者淡化这个理论概念,仅仅停留在史实的碎片化挖掘,而没去理解高中教材增加毛泽东思想伟大意义的用意所在,即理论对实践的指导意义。什么是毛泽东思想?毛泽东思想如何在新中国成立初期的各领域发挥作用?毛泽东思想的精髓是什么?从长时段角度来看,毛泽东思想如何主导和指导20世纪中国革命和社会主义过渡时期的变革?这一系列问题需要用史实的支撑加以论述,从而有利于培养学生的时空观念、史料实证、历史解释等核心素养。

好的教学设计离不开教师对教材内容的深度挖掘和理解。作为高中教师,要非常熟悉初高中教材的内容,因为教材文本的表述本身就能提供初高中教学目标衔接与分解的切入点。

2. 用透史料,体现解惑差异处

在落实教学目标分解的过程中,初高中教师往往会用到相同史料。相同史料如何体现教学目标的差异?这需要教师从不同视角去挖掘史料内在的价值,形成有内在逻辑的问题链,理解史料背后透射出的深层信息。

比如，在讲述中国农业社会主义改造的历史时，很多老师都会运用改造前后个体农户（俗称小辫子）和合作社（俗称大辫子）数据对比表来说明农业社会主义改造的成功。这种读懂图表数据信息的能力可以作为初中教学目标之一，但不适合作为高中此课的教学目标。对于高中生来说，教师要引导学生聚焦"小辫子"梳成"大辫子"运动背后折射的经济思想和国际关系，启发学生思考"为什么要把'小辫子'梳成'大辫子'？在苏联，有没有'大辫子'"。这些问题背后实质是引导学生分析"发展重工业和农业合作化之间的内在关联"，理解"由于国情的不同，中国采取机械化和农业合作化同时进行的方式，而苏联则有先后之分，从中感悟到当时领导人决策中的灵活治国和实事求是、敢于突破的精神"。数据可以说"话"，但这些"话"的背后引发出的政治、经济、文化、社会等方面的多元思考，则需要教师去发现、去设计。在初中教学中，很多老师会借用连环画《老孙归社》的故事来进一步说明农业合作化是当时农民的适时选择，但高中教师运用《老孙归社》故事时，更应该通过这个故事让学生理解《老孙归社》背后折射的作者对毛泽东思想的深刻理解，即毛泽东"让农民共同富裕起来"的想法，反映了时代发展的主流思想。

　　经典史料是可以反复咀嚼的。教师要深度挖掘史料背后隐性的信息，尤其高中教师要关注教材里出现的新史料，发现这些新史料或者新说法能够证实什么，能推理出什么结论。由于教材的篇幅有限，一些结论的分析过程往往会被省略掉，一些重要的史实铺垫会被淡化掉，高中教师一定要挖掘这些被隐去的史料背后的信息，体现不同层次的教学目标。

　　3. 吃透概念，把握理解差异处

　　历史教学要在"小细节"中见"大历史"，在"长时段"中呈历史的"大脉络"。学习历史是为了更好地理解人类社会发展的过程，从而为未来社会的发展提供更有价值、更有智慧的理论、方法和策略。因此,历史教学应关注历史与现实之间的关系,激发学生的社会责任感和使命感,从能力培养方面来讲,这是学生应用迁移能力的体现。

比如,初中"中华人民共和国成立"一课的教学设计围绕"新"字展开,从"新政协""新政策""新政权"中感悟中华人民共和国成立的"新纪元"的意义;而高中教学目标不能简单停留在这个视角去解读"新中国""新纪元",应该从长时段、大脉络中去诠释"新"之所在:"新"不仅是指毛泽东思想对建设新中国的巨大指导意义,也是20世纪20年代中国的革命和建设理论在世界范围里的创新。教师应该把毛泽东思想放入马克思主义中国化的进程中去解读,让学生理解毛泽东思想是马克思主义中国化的成果,感悟中国社会主义制度的建立是马克思主义中国化的又一次创新。由此对毛泽东思想的理解上升到对马克思主义中国化的深度理解,感悟人民自己创造自己的历史,"并不是在他们自己选定的条件下创造,而是在直接碰到的、既定的、从过去承继下来的条件下创造"。

毛泽东思想和马克思主义中国化的概念之间的关联以及逻辑性结构,更能体现初高中在培养学生调动和运用知识解决问题、把握历史发展的阶段特征或趋势,以及逻辑思维能力的差异。

初高中教学目标的衔接和分解是落实课程目标的重要依托。教师设定教学目标要把握学生的身心特点、认知水平和学科能力等差异,以学生发展为本,拾级而上制定教学目标。分解、整合初高中历史课程目标,要做到有所为和有所不为,以达到有效的教学效果。

原文发表于《中学历史教学参考》(上半月·综合)2019年第10期

主题式跨单元教学在高中历史教学中的尝试
——以聚焦判断力①培养为目标的案例分析

在历次 PISA 评估中,上海学生取得了优异的成绩,但也有专家指出:"上海学生善于知识获取的过程,但在知识运用的过程方面表现相对较弱","基于计算机的学科问题解决是上海学生的短板",其中,"在阅读领域,学生在文本中查找和定位问题信息的能力与其他解决环节相比稍显薄弱"。因此,专家建议"对学生创造性问题解决能力的提升应该重点落实在具体的学科教学方式的变革上,改革以静态知识和技能传授为中心的教学设计,更多地从问题解决的视角关注学生知识动态生成过程,将知识积累、技能形成与学生的问题解决能力结合起来"②。

笔者认为,问题解决能力是个人面向未来应具备的重要能力。其中,判断力是问题解决中的关键能力。因为在信息化的时代,面

---

① 本文中的历史学科判断力主要指辨别史料价值的能力,以及在史料的基础上形成正确的价值判断,并借助史学判断力,去解决一些历史、现实甚至未来的问题的能力。历史学科判断力分别指向三个层级:一是甄别能力,指有效辨别史料价值的能力;二是解释评判能力,指以史料为依据,对历史事物进行理性分析和客观评判能力,形成正确的价值判断。三是解决问题的能力,指基于史学判断力,去解决一些历史、现实甚至未来的问题。三个层级的判断力依次递升,最终将个人史学判断力内化为可以解决未来问题的终生能力。

② 朱小虎:《基于 PISA 的学生问题解决能力研究》,上海教育出版社 2019 年版,第 178—182 页。

对日益复杂多变的未知问题和情境,我们必须运用已有的知识、技能和策略去判断、处理、解决问题,判断是解决问题的前提。因此,培养学生的判断力就是培养学生有足够能力去面对未来世界的不确定性。从历史学科的视角去审视,判断力体现在个人能够借助可信的史料,用符合逻辑的推理方法对信息、观点进行事实判断或价值判断,把个人所学的知识迁移到新的不同情景中去创造性地解决问题。

为此,笔者和自己所带的团队在多年历史阅读与写作教学的基础上,聚焦高中生判断力培养的教学实践,通过主题式跨单元教学、课题研究、阅读写作等三大教学组织行为,探索培养高中生判断力的教学和学习方式。在此,笔者以复旦大学附属中学张敏霞老师基于统编教材的高一教学实践为例,以《马戛尔尼下跪了吗?》为课题的活动课为例,来阐释主题式跨单元教学设计。

一、什么是主题式跨单元教学?

主题式跨单元教学是指围绕一个真问题[①]或者大概念,选择能够解决真问题或者阐释大概念的教材内容,而这些内容分布在教材的不同单元里,需要教师设计一个主题把这些内容整合起来,作为逐级去解决问题的文本资源。如果把单元内容比喻是"面",那跨单元的主题即为"点",教师"以点带面"帮助学生围绕一个真问题或一个大概念来建构知识体系,在习得史学思想方法、完善历史学习方式过程中去尝试解决问题。

张敏霞老师以高一新生为教学对象,根据学情拟定了"如何认

---

① 真问题是指立足于课程标准与教材、学情之上的具有情境性、探究性、启发性的历史问题,具体阐述见本文第二部分。

识历史"为主题的跨单元教学方案。在中国史的三个单元中,选取6个思考点,在以问题串联的方式帮助学生建构知识体系的同时,以核心素养之"史料实证"为教学着力点,来帮助学生深度理解"如何认识历史"的基本史学思想和方法(见表10)。整个教学用时6课时。

表10 中国史跨单元教学方案设计

单元	内容	拟解决的问题	侧重点
第一单元 从中华文明起源到秦汉统一多民族封建国家的建立与巩固	第1课 中华文明的起源与早期国家	寻找夏朝:历史是什么?历史认知是如何形成的?	事实判断
	第2课 诸侯纷争与变法运动	"烽火戏诸侯"故事的形成:历史认知是如何形成的?如何辨别史料的信度?	
第三单元 辽宋夏金元民族政权的并立与元朝的统一	第9课 两宋的政治和军事	陈桥兵变的疑点与史实:如何辨别史料的信度?	事实判断
	第11课 辽宋夏金元的经济与社会	清明上河图中的谜团:如何汲取和甄别图像史料的信息?	
第四单元 明清中国版图的奠定与面临的挑战	第13课 从明朝建立到清朝统一	朱元璋的"真相":如何辨别史料的信度和认识史料效度?	事实判断 价值判断
	第14课 清朝前中期的鼎盛与危机	马戛尔尼下跪了吗:如何辨别史料的信度和认识史料效度?如何看待历史或历史研究?	

例如,在第三单元的第9课中,张老师设计了"陈桥兵变的疑点与史实"的学习活动,从"疑点重重的兵变"到"合乎时代的推理",引导学生基于"历史语境"去合乎逻辑地判断史料的信度,并

结合民间记录、时人的经历、事后诸人的回忆、第三方的叙述,分析"可以确定的史实",感悟军阀割据与混战导致的政权动荡,并衍生出宋代改革造成的"弱"与"贫"问题的讨论,最终实现对宋朝重大事件的价值评判。在经过三个月重在判断力培养的教学尝试之后,张敏霞老师在第四单元的教学中进行了新的尝试,围绕"如何认识历史"的主题,设计了活动课"马戛尔尼下跪了吗?",以特定的问题引导学生有意识地、自主地完成相关学习活动,并基于已习得的时空观念、史料实证的基本意识和方法,对"马戛尔尼下跪了吗"这个问题做一个判断。这样的教学设计,期望通过师生之间、生生之间的对话和思维碰撞来呈现特定问题之下,学生基于历史语境下对跨单元主题的认知,以及由此体现出的事实判断乃至价值判断能力。

二、如何进行主题式跨单元教学?

(一)真问题和大概念的设计

所谓真问题包括两方面指向,一是在学习过程中学生产生的与所学知识相关的问题,二是指当今人们在真实思考、探求答案的现实或者未来问题。真问题在基于课标、教材和学情的基础上提炼而得,至少蕴含着两个基本要义。一是真实的历史情境。即围绕的真问题应该具有真实的历史情境。教师创设情境可取材于多种渠道,既可以是各类研究问题和探索前沿,也可以来自社会热点和话题,还可以是学生学习的经验与困惑。二是真实的障碍。真问题的开始状态与目标状态之间存在着某些障碍,通过调动高效历史思维将其克服。但这种障碍是相对的,判断它是否存在并没有固定的标准,而是因时、因人而异。

解答两种问题都需要学生掌握解决问题的知识、方法和路径。比如,"马戛尔尼下跪了吗?"这是当下没有定论的一个问题,也是史学专家、历史爱好者真实在求证的问题。虽然这个问题与教材内容并没有直接关联,但其背后隐含着21世纪的学生如何回到历史情境中去理解、分析18世纪中英两国在政治、经济、文化上的差异和距离,如何运用已知的史料文献去印证观点,通过什么途径去寻找可信的史料,甚至在回答这个问题的过程中会加深学生对"康乾盛世"这个大概念的理解。

(二) 问题链教学的过程性培养

"马戛尔尼下跪了吗?"一课的教学生成目标,是通过对一个问题的解答来体现学生基于史料实证的意识与方法,提取史料深层信息、推理分析史实发生的内在逻辑,最终给问题下一个自己的判断。这个判断力是教师日常教学培养的成效体现,是一个过程性的培养。

比如,张敏霞老师在第三单元第13课教学中设计了"朱元璋'真相'"的学习活动,通过"哪一张画像更接近朱元璋本人呢?有什么办法可以证实?朱元璋长相的演变反映了怎样的认识和心理?我们对于历史的认识是如何形成的?"等系列问题,结合教师提供的相关文献史料及资料索引,学生用思维导图方式来表达自己对问题产生的特殊性和普遍性原因的理解。通过公开展示和相互观摩,可以使学生对所探究的问题进行互证,形成对该问题更全面、丰富的解释,从而提升学生的实证意识。这些学习活动有意识地帮助学生建立基于历史语境去分析历史问题的思维方式,理解不同观点产生发展的历史背景,以及这些观点产生的历史影响,这为"马戛尔尼下跪了吗?"这个问题的解答铺垫了思维模式。

又比如,在活动课开设之前,张敏霞老师引导学生课前阅读

《马戛尔尼勋爵私人日志》一书中的"风俗和品性"这一章节,以"马戛尔尼使团了解中国吗?""马戛尔尼了解清朝吗?"的设问引导学生梳理 18 世纪以来中英两国国情的思维导图,透过作者的历史叙述挖掘作者的时代背景,去理解、质疑或反驳作者的历史解释或者评价,从而为理解中英双方在"礼仪冲突"历史事件中的态度、立场和视角做好知识铺垫。这些思维导图完成后被张贴展示在教室里,供学生相互评价、交流。

(三)借助活动课的开放性特点

活动课是统编教材中建议教师尝试的一种课程类型。笔者认为,教师根据学情,对活动课的设计可以体现在两方面:一是呈现学生学习方式的改变及成效,二是体现教师教学方式的改变及成效。在活动课中,学生是主角,教师是配角,教师通过一个问题的导入,引发学生的思维碰撞和观点对话。在高强度的思维、合作、对话过程中呈现学生判断力的水平,进而间接评估教师开展跨学科主题教学的成效。

以张敏霞老师的课为例,在这堂课里,张老师自己表述用时 15 分钟,剩余时间是学生讨论、表达和对话。张敏霞老师的用时主要在串联问题以及概括、归纳学生回答。"马戛尔尼下跪了吗?"这是一个非常能激起学生兴趣的问题,为了引导学生步步深入思考,教师依次设置"中英双方彼此了解对方吗?""马戛尔尼跪了吗?""清廷傲慢和无知吗?""马戛尔尼来访失败了吗?"等一系列有逻辑联系的问题,引导学生理解清朝前中期的内政外交,理解中英双方在这次历史事件中的态度、立场和视角,从时空观念、史料实证两方面着力深化学生对这一历史事件时代背景的理解,进而更辨证地理解"康乾盛世"。正如学生评价,"作为一场活动探讨课,先提出一个模棱两可无定论的问题,更有助于同学们发散思维,让每个同学都能够产生出对这种'未解之谜'的好奇心,从而跟随老师的问题主动思考,一步步深入了解历史的本质,紧紧跟随老师和其他同学的思维,让每一个同学参与其中集中注意力思考"。

学生因学习方式的改变而带来的成效,一方面可以从课堂对话中体现,另一方面也可以从学生的思维导图作业中感受到。学生从"记录的历史""传播的历史"和"接受的历史"等视角去梳理、接近"真实的历史"。从历史语境中体悟不同史料折射出的记录者、传播者以及接受者的视角与立场,并推理、归纳、比较、判断中英两国诸多文化差异背后的深层次原因。学生学习方式的改变突出体现在课前的阅读与思维导图的建构,课中以小组合作方式判断可以印证问题答案的路径、史料及论据,凸显史料实证的能力。有学生这样感慨道:思维导图作业一是能够培养起这种画图表分析问题的好习惯,帮助思考;二是面对问题能够调动主动积极思考的能力,并且促使个人去刨根问底、主动查阅资料,在面对一个问题时能够做到联想相关信息,进而做出下一步举措。合理联想的下一步就是大胆求证。学历史要会找资料,不仅要会证实,更要会证伪,学习的过程中要有批判性思维,这正是很多学生所缺乏的。作为活动课,这是一种全新的授课方式,充满创新,有助于提高学生的各种能力,如语文文言文的阅读能力、地理的读图能力等。

三、如何评估主题式跨单元教学的效果?

(一) 评估主体

主题式跨单元教学的效果是以是否实现判断力养成的教学目标为主要评估对象。教师、学生、同行乃至家长都是这个评估对象的评价主体。但他们对评估的指向有不一样的侧重点。教师是评估体系中重要的主体之一,是有效评估制度的设计者、实施者和反思者。教师主导设计标准化评估的形式、内容,并把评估后的大数据作为指导、改进下一阶段教学的重要参数。学生是评估体系中另外一个重要的主体,他们对自身的学习动力、学业水平和教师教学方式的感受,很大程度推动或者阻碍习得判断能力的效果。同行和家长都是第三方的评估者和建议者。他们从被评估者的个体能力、成长变化中对相关评价指标作出第三方认证。因此,对于跨单元主题教学的评估结果需要综合多方数据得以呈现。

(二) 评估指标

1. 静态评估指标。静态问题是指教师在课堂上抛出的问题,为能解决这些问题,教师相应提供相关信息,学生通过逻辑推理来解决问题。一般来说,静态问题可以通过课堂对话、作业展示、纸笔测试等方式来完成(见表11)。比如,在阅读《马戛尔尼勋爵私人日志》《史记》等章节内容时,要求学生根据阅读内容进行阅读笔记质量的评分。

表 11 静态评估指标

评估指标	超过标准 (4分)	达到标准 (3分)	接近标准 (2分)	尝试标准 (1分)
知道获得事实的主要来源、事实与事实之间的关联与意义,支撑事实及事实关联的理论	清晰认知	认知	基本认知	没有认知
分析历史结论的推理过程是否逻辑	有严密的符合历史逻辑的推理	基本符合历史逻辑的推理	欠符合历史逻辑的推理	没有符合历史逻辑的推理
对作者提出的证据的效度和信度进行判断	判断合理,论证符合逻辑	判断合理,论证比较符合逻辑	判断基本合理,论证欠逻辑	判断不合理,论证没有逻辑

续 表

评估指标	超过标准 （4分）	达到标准 （3分）	接近标准 （2分）	尝试标准 （1分）
罗列其他文本中被省略了的重要信息	罗列5项以上	罗列3项以上	罗列1项以上	没有罗列
根据作者的论据和论证，判断作者的合理或者不合理结论	判断合理，论证符合逻辑	判断合理，论证符合逻辑	判断合理，论证符合逻辑	判断合理，论证符合逻辑
对文本的概括性评价	观点清晰，表述准确	观点清晰，表述较为准确	观点模糊，表述欠准确	没有观点，表述含糊不清

2. 动态评估指标。动态互动是指解决问题需要的信息可以通过学生多元方式来获取，比如利用互联网收集相关信息。静态和动态也不是绝对泾渭分明的。"当问题解决所需解决信息并不完全呈现，而是需要问题解决者通过互动探索去发现关键信息时，这样的问题称为互动问题。"[①]比如，张敏霞老师的"纣王的罪状"课例中辨析观点："纣王的罪状是如何被不断增添的""我们是否真的可以做到'亲历'历史？"运用所学知识，论证文本中所阐述的观点，能结合文本和史实，言之有理（见表12）。

表12 动态评估指标

等次	得分	观点	论证	表述
1	4—5	观点正确，能辨证认识问题	史实准确，史论结合密切，逻辑严密	思路清晰，表达确切
2	2—3	论点基本正确，认识不够全面	史实基本正确，史论结合不够密切，逻辑不够严密	有基本思路，表达不够确切

---

① 朱小虎：《基于PISA的学生问题解决能力研究》，上海教育出版社2019年版，第80页。

续 表

等次	得分	观点	论证	表述
3	0—1	论点不准确,认识模糊	未能结合史实,仅列举部分史实,无逻辑	缺乏条理性,表达欠通顺

此外,"相对陌生的情境下找到隐含的信息或细节,并能进行恰当的组织,通过全面细致的理解,做出合理的分析、比较和推理,形成对文本的解释,并依据特定领域的知识,甚至依据不同的标准和观点进行批判性评价"[①]。比如,张敏霞老师的系列作业中有一个"寻人文之旅",要求设计一个寻访文明源头的暑假活动方案,并撰写说明印制成册,可以尝试在中小学实践推广。活动方案包括考古遗址、历史建筑、城市博物馆等元素。以文明源头为主题,认识身边的历史,讲述国家形成、民族兴旺与身份认同、展现城市变迁、地方特色等。

3. 形成性评估指标。形成性评估以学生自评为主,以同学、教师、家长评价为辅。形成性评估注重学生自评,可以通过学生成长档案袋、学生展示和自我反思进行。学生档案包括两种类型:一种是班级所有学生的学科成绩数据,具体包含作业、课堂回答问题、课外探究性学习、考试成绩等,这些数据是学生判断力发展的主要证据来源;另外一种是特别引起教师关注的学生的档案,这些学生往往是特别优秀或者在学习上有困难的学生。这些学生作为教师的案例研究来特殊处理。形成性评估可以发现学生个体发展中的优势和不足,提升或者改进学生的学习方式和思维方式。形成性评估更多关注点在于学生个性化的学习方式和专业指导。在形成性评估中,通过评估该学生的优势和劣势,可以有针对性地进

---

① 朱小虎:《基于 PISA 的学生问题解决能力研究》,上海教育出版社 2019 年版,第 83 页。

行指导,来促进学生判断力的养成或者提升(见表13)。

表13　形成性评估指标

评估指标	收获很大（5分）	收获一般（3分）	收获很少（1分）	没有收获（0分）
史料的甄别搜集、辨别整理、分析比价、判断等能力				
在发现问题、搜集信息、辨别判断、形成结论的过程中达成的核心能力				
在尽可能占有史料的基础上,验证以往的假说或者提出新的解释的综合能力				
将所学知识融会贯通,对复杂的新情景能够重新整合,解决问题的能力				
其他				

主题式跨单元教学在高中历史教学中的尝试是一项比较艰巨的实践,教师要从教材内容、教学组织、评估方式等方面进行多方位的突破创新,这需要教师改变传统教学设计的思维定势,持之以恒将史学的育人价值融入学生的终生能力培养之中。

原文与张敏霞合作撰写,发表于《中学历史教学参考》(上半月·综合)2020年第4期

线上教育的实践心得和提升策略

2020年的新冠肺炎疫情让中国各类型学校面临教育模式的大转型,"互联网+"的教育时代全线开启。作为一所公办外籍人员子女学校,复旦大学附属中学国际部在迎接、实践教育模式的转型过程中,努力攻克线上教育带来的难题,思考改变生成带来的问题。数字化时代面向未来的线上教育,我们准备好了吗?

线上教育"八化"法

复旦附中国际部以"理解与习得"和学会"在线学习"为线上教学的基本目标,要求教师做到:教学目标明确、结构简单明了,内容科学清晰,知识点分段落实,从而形成了"教学安排灵活化,教学设计结构化;作业布置适切化,答疑解惑多元化;数据调研经常化,家校协同增强化;育人工作精细化,情感帮助可视化"的线上教育心得。

1. 教学安排灵活化,教学设计结构化

复旦附中国际部涵盖1—12年级全学段,对于小学生而言,线上学习面临的最大挑战是自主学习和自我管理,且因电脑操作技术的局限性,低年级学生线上学习需要大人陪伴和指导,即便小学高年级学生,他们上传作业也需要旁人协助。为此,国际部根据学生身心特点,采用有针对性课表,课时长度、课间休息时间、科目周课时数都有学段化特点。比如,小学一天课时由原来的一天 7 节课缩减至一天 5 节,并预留了每天的固定答疑时间,增加学生居家运动时间。小学课程设计时,尽量增加学习内容的趣味性,注重学生独立学习时的可操作性,并设计丰富多彩的教学形式,比如课堂问答互动、在线小游戏、教学资料自主阅读等交替进行,力求课堂充满活力,吸引孩子的注意力。对于有时差的学生,不强制根据课表来严格执行,通过学生自身的作息时间来完成老师布置的任务。

对于中学生,虽然自主学习和网络技术能力有所提升,但同样线上学习带来的压力也会一定程度产生学习的焦虑,国际部调整学科周课时数,增加了体育课的课时。同时,强调教师教学设计注重结构化处理,明确教学目标和每堂课学生要习得的知识点,通过片段式、拆分式讲解来帮助学生更好理解知识点。而录课方式可以让学生回放教学视频来满足差异化学习需要。有时差的教师为了在课表时间里给学生实时在线教学,克服自身时差问题,晚上或者凌晨起来给学生上课,白天休息。

2. 作业布置适切化,答疑解惑多元化

酌情控制家庭作业,给学生及时的作业反馈,这是缓解学生线上学习焦虑的一个有效措施。一二年级的作业练习尽可能在课堂内完成,保持一周一次到两次。三到五年级学生每天的作业量在 1 小时左右完成。初中生的作业在 2 小时左右完成,高中生的作业在 3 小时左右完成。初中课表上还安排两周 3 次自习时间来完成学科项目化作业。学生以视频、录音、文章、照片等方式上传作业,有些作业会在班级群内展示,教师鼓励学生课内互相点评。

为帮助学生理解知识点,学校每周在课表里安排固定答疑时间,并建议教师采取多种方式答疑解惑。比如,在课上,教师通过视频会议统一进行难点的讲解,学生有不理解的可以当场再问;教师录制好讲解视频发给学生多次回看;课后师生直接线上点对点、键对键地沟通答疑,或者直接电话方式交流。

3. 数据调研经常化,家校协同增强化

复旦附中国际部每周针对学生和教师进行一次线上教与学的问卷调研,每周问卷调研的内容根据前一周教与学生成的情况进行设计,学校借此大数据来跟进、优化线上教与学。比如,由于国际部存在部分师生还在国外情况、线上教学面临时差问题、网络运行问题等,学校要求教师以录播为主,辅助直播等方式进行教学。线上教学实施两周后,通过问卷调查发现录课为主导、直播为辅助的模式是符合国际部实际情况的,并得到师生认可(见图4)。

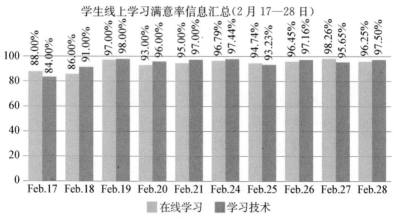

图4 复旦附中国际部学生线上学习满意率信息汇总(2020年2月17—28日)

当线上学习进入第三、四周后,通过问卷发现学生在线学习"容易走神""缺少互动",因此,学校及时建议教师适度增加视频交流方式跟学生进行实时互动,同时学校优化课表安排,尽可能减少时差带来的教与学的困难。在调研同时,学校密切和家委会沟通,针对问卷反映的个性化问题和家委会委员一起商议解决。比如，有家长反映某教师备课非常认真，视频、PPT 课件、作业量比较多，但教师忽略了低年级学生缺乏独立操作软件的客观事实，导致学生和家长的焦虑情绪不断增加。此外，有外教反映线上教学的备课量翻倍，在线互动方式增加了教师与家长课外对话的时间，有家长晚上 10 点多还发短信要求给孩子的非规定性作业点评，导致外教的休息不足，情绪波动很大。为此，学校一方面通过家委会和相关家长取得沟通，另一方面对相关教师进行教学建议，甚至必要时候由国际部主任出面召开云端家长会，通过及时交流和改进措施，缓解了师生的焦虑情绪，并得到很好的正面反馈（见图 5）。

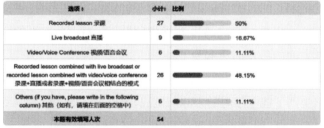

图 5　疫情期间复旦附中国际部云端家校互动

4. 育人工作精细化，情感帮助可视化

为了让学生养成线上学习的自主性和自律性，线上育人工作成为国际部另一项重要工作。国际部初高中学段的学生管理采用班主任＋导师制的模式，两种身份的老师虽然都是关注学生身心健康发展，但他们工作侧重点存在着差异：班主任主要侧重班级事务管理，而导师侧重学生情感、学术需求。在特殊时期，班主任、导师分工协作，寻找合适方法引导学生认真对待线上学习，学会如何线上学习。比如，导师主要负责学生的情感疏导与时间管理，他们关注班级每一位学生，一对一跟踪学生的学习和生活，引导学生完成 Journal 的写作，帮助学生养成日志记录、勇敢面对自身问题和自我反思的习惯。学校安排每天第一节课为网络晨会课，班主任通过设计一个晨会主题，引导学生展开讨论。这种晨会交流方式，一方面便于教师了解学生每天是否准时上线，另一方面也通过"分享你的早餐""分享你窗外的风景""疫情研究"等话题，拉近学生和学生、学生和教师的空间距离，让师生感到"身边有你真好"。

此外，国际部 12 年级毕业班的学生在线学习的过程中，比其他年级的学生表现出更多的焦虑甚至茫然。IB 全球考是否会延期或者取消？EE、TOK 等论文在延迟递交情况下还能再提升质量吗？这些毕业班的孩子们更需要教师情感的关注和帮助。为此，国际部成立特别辅导小组，一方面请学校心理老师提供情感疏导的支持，另一方面外请 IB 专家给予针对性辅导，学校还成立了由各行业杰出校友组成的生涯指导团队，为 11、12 年级的学生提供升学方面的最新时讯和专业指导。

经历了多周的线上教育，教师们成为合格的"十八线主播"，学生也感受到了线上学习的多味与挑战，学校也经历了管理从线下搬到线上的转型，其中，不乏收获和感悟。在这个数字化时代，面向未来，线上教育可以带给我们哪些值得思考的问题，哪些举措可以在今后的线上教学中继续提升呢？这些问题可以持续深入探究。

教师，"数字素养"真的都提升了吗？

线上教学对教师来讲，最大的考验就是从"教师"变成了"主播",角色转换的最大难处在于,绝大部分教师缺乏网课的经验和技能,传统的PPT+黑板的教学技术被钉钉软件、ZOOM会议软件、小白板等取代,教师们不仅要速成如何录课、直播的技能,还要速成如何改进教学设计、教学模式、教学评估来适应线上教学,可以说,教师们在忙乱、应急中被全面推入了数字化教学时代。好在"十八线主播"有着"十八班武艺",即便毫无技术实践经验的中年教师,经过1个多月的"主播"集训也逐渐提升了操作网络设备和教学软件的能力。2018年联合国教科文组织发布《全球数字素养框架》,阐释了数字素养包括数字设备的操作与技术交流、信息内容的管理与创新、数字安全和问题解决等七方面涵盖计算机素养、数据素养、信息素养、媒介素养等方面的能力。从数字素养的概念来看,我们的"主播"经历了计算机素养的磨炼,是否意味着教师有足够数字素养来面对未来教学了呢?答案是否定的。

当前,几乎所有的信息都通过数字的方式进行传播。线上教学时,教师往往会推荐学生相关学习资源的链接。所推荐的学习资源的专业性、广泛性一定程度反映出教师的信息素养,即检索、判断、储存、管理数字信息的能力。其中,检索能力是教师拥有的最基本的信息素养。据了解,复旦附中国际部教师经常检索的网络资源是IB、AP官网,以及专门给国际课程提供教学资源的专门网站,如Questia、Inthinking,但对于一些汇聚学术前沿信息、科研成果信息的检索网站涉猎比较少。比如,较少有中教教师会去"中国知网""中文科技期刊数据库""万方数据"检索,外教也比较少去"Nature"等网站检索信息。当然,因国际课程教材涉及的教学数字资源未必能在"中国知网""万方数据"获得。但这些网站作为教研成果信息检索与学习的平台,可以帮助教师紧跟先进的教学理念和教学方法。教师有必要掌握更多有助于教学的数字专业信息,以此来不断提升个人的教学能力。

此外,根据联合国教科文组织的定义,数字素养还包括个人通过数字化渠道与他人合作,分析数据来源并运用数字化手段来解决问题能力,而在这方面,我们的教师似乎更缺乏实战经验。解决问题能力包括真实情境下的教学专业能力和教学过程中的管理能力。以线上教学过程中的管理能力而言,教师针对自己所教的学生,在教学资源、教学目标、教学活动、教学测评等方面已有相当的数据,这些数据如果仅仅存盘在数据库里,那对优化线上教育没有任何价值。作为拥有数字素养的教师,应该建立这些数据资源的关联图谱,结构化分析教学生成中的问题、学生的学习行为问题,收集、加工、整合以及应用这些数据来解决教与学的现实问题,时时根据学生测试反馈来调整教学目标、重点和难点,优化教学,借助大数据进行学情判断的个性化反馈。

学生,真的学会"线上学习"了吗?

"线上学习"是需要学习的,这不仅是学习环境的转变,更是学习习惯和学习行为的转变。专家们通过对在线学习的研究发现,观看视频时长、浏览文章时长、发现不懂问题及时在线求助、按时递交作业等线上学习行为与学生学习成效有着密切的正向关系。某种程度上说,"线上学习"能反映一个学生自律、自控和自学能力,良好的学习行为背后是个人坚毅能力的体现。但就目前线上学习的情况来看,大部分学生对"线上学习"的认识仅仅是停留在学习空间、学习模式的转变,而并没认识到长时间的"线上学习"是会拉开学生之间差距的一种学习方式。

在复旦附中国际部的每周调研数据中,我们发现,"线上学习"

存在很大困难的学生,往往也是传统线下教学中有问题的孩子,当线上教学到来之时,他们在完成作业、上课互动、在线答疑方面永远是特困生。而对于普通学生,大部分学生也不能一下子适应"线上学习"的学习方式,往往被动跟着老师的要求去做,当教师希望他们积极发言时,躲在屏幕后面的他们似乎有了空间的距离,"不知道""还没考虑好"等答复的频率比线下课堂教学多了很多。而对于"线上教学"来说,学习成效更需要学生的主动性。比如,课前学生需要浏览教师教学的知识点,做好课前预习,重点掌握不理解的知识点。学生需要利用网络进行搜索,找到专业的网站、文献资料。学生更需要经常自我评估、计划、反思、调整,知道线上"怎样学习"比"学习什么"更为重要。但事实上,我们的学生没有准备好。而此时,我们的教师应该及时给予学法的指导。教师可以从学习动机、情绪、态度、方法、习惯、环境、思维、自我管理等角度帮助学生学会如何"线上学习"。第一步可以先给学生搭起脚手架,让他们学会如何规划自己的线上学习时间、学习内容,在做项目完成任务中及时反思和改进。为此,国际部教师专门为学生设计了"Journal",引导学生去规划、调整自己线上学习节奏、情绪和态度,帮助学生学会"线上学习"的基本技能、要素,进而落实"以学习为中心"的教学理念。

学校,如何更加关注师生的需求?

全员、全面线上课程的开展,让原本国际学校主流的教学模式,即以教师为引导者的身份去发动启发学生思考、交流、表达的课堂一下子因技术状况失去了原有的稳定,有些外教非常焦虑自己原有的教学模式被隔空学习给打乱了。执教国际课程的教师在传统课堂中,往往会采用 PBL、融合式等模式的教学,40 分钟的课堂时间,教师主讲往往在 10 分钟左右,其余时间将是小组合作学习和小组成果展示。教师担任提问者、引导者、质疑者、评估者的角色。面对线上隔空教学,由于网络的不稳定,教师们往往很难进行原有的教学模式,老师抛出问题后一下子看不到学生的眼神和反映,感到非常不适应。如何将教学目标落实,似乎成了线上教学的首要目标。为此,学校为教师提供了一个明确的线上教学策略,即基于"理解与习得",教学设计要做到目标明确、结构简单明了、内容科学清晰,知识点分段落实,语言、教态规范。而对学生的要求是,学生独立或者在他人帮助下学会"在线学习"的基本技能,掌握、理解线上教学的基本知识点并能运用。

在开始进行线上教学的时候,无论是学校管理者、师生还是家长,都不同程度带有一些焦虑的情绪。尤其是教师和学生(家长),将学校的课堂变成居家课堂,这不仅是对教师的考验,更是对学生和家长的考验。及时用合适方法进行心理疏导,是学校对师生的必要关怀。为此,复旦附中国际部在进行线上教学的 6 周时间里,每周进行面向教师和学生(家长)的问卷调研,而且每周问卷根据上一周学习情况进行问卷题干的变化,目的在于及时发现问题,及时解决问题,做到学校和家庭、教师和学生的信息对称,以此减少或者缓解焦虑情绪。

比如,线上教学刚开始时的问卷调研集中关注了师生的网络环境,发现问题及时给予技术服务和支持。比如教务在教师直播时发现网络不畅影响教学,于第一时间将事先准备好的录课视频或者相关学习资料发给学生,做应急处理。经过一段线上教学运行后,学校的问卷调研开始聚焦师生教与学的感受与收获,关注学生的个性化需求,通过调整作息时间、丰富作业形式、减少作业量、增加互动答疑等方式来提升教与学的质量。在做问卷调研后,学校每周会给教师和学生"周反馈",告知一周线上教学的整体情况以及对师生提出问题的解答。通过"调研—反馈—改进"的方式来优化线上教学的效果。

数字化时代面向未来的线上教育,我们已全员、全程、全线参与,相关的经验与成果需要继承和推进,而困难和瓶颈更需要思考与面对,因为未来已来!

原文发表于《上海教育》2020年第14期

线上教学如何赋能线下教学？

2020年春季，新冠肺炎疫情让线上教学成为教与学的基本模式。当教师们运用"十八般武艺"熟练了"十八线主播"后，当我们陆续返校重回线下教学的时候，我们不仅要思考一个问题：线上教学怎样赋能线下教学？笔者认为至少有三个赋能的突破点。

1. "翻转课堂"助力学习困难的学生

笔者所带领的团队曾做过一个调研，从学生的视角来看，线上教学最需要保留的是什么？70%学生认为是教师基于知识点的分段式录频。这种视频一般不超过10分钟，能随时让学生回看视频来加深对知识点的理解。分段式录频具备"翻转课堂"的功效，即传授一个知识点，解决一个问题。此外，作为面向全体学生的分段式录频还具有"翻转课堂"或许没有的功效，那就是教师通过排摸学生学习方面的共性问题，通过分段式录频来答疑解惑，提高学生学习的效能。尤其对于学习有困难的学生，这种"翻转课堂"式的视频对巩固、强化知识点是有帮助的。而对于资优生来讲，则给了他们更多自主学习的空间和时间。对于教师来说，将"翻转课堂"用于学生的课外预习、答疑，可以帮助教师节省出一定的课堂教学时间，把这些时间更多用在教材难点或者重点的分析、讲解方面，可以有更多时间来组织开展课堂里的合作学习,从而提升教与学的品质。笔者所在学校的国际部教师,近85%的教师认为未来教学可以采用"翻转课堂"的混合教学模式,进而优化教学设计和提升教学效果。

2."可视化"作业激发学生学习的兴趣

线上教学过程中,很多教师改变了传统问答式习题作业的方式,出现了手绘漫画、微视频制作、"云"游博物馆、"云"游图书馆等多样的"可视化"作业形式,甚至有国外教师通过游戏化教学,让学生在游戏中完成作业。以历史学科为例,有教师以"绘就美好生活,书写中国故事"为主题,让学生用图画、文图互动的形式展现自己对所学历史知识的理解,同时以思维导图的方式让学生的思维火花能够看得见。据悉,有些国外的教师转变传统教学思维,开展游戏化学习,让学生在线上接近一定历史元素,如社会环境、人员服饰、城市建筑、生活场景等,参与有一定历史事件和故事在内的游戏,学生在游戏中对相关历史事件有了一定的了解,也提升了学习的兴趣。当然,教师也在学习过程中布置了学科作业:让学生对游戏中值得质疑的地方写一份报告,请学生找找不符合历史逻辑的细节。当学生们自己动手动脑做自己想做的作业时,这些作业既符合中学生的身心特点和能力要求,又极大激发了学生学习历史的兴趣。

3."学习共同体"推进项目化学习的发展

线上教与学让师生的数字信息素养有了进一步提升。笔者所在学校的国际部近80%的教师认为线上教学提升了个人信息技术能力。当数字原住民的学生和我们教师在同一个网络环境下进行教与学的时候,学生和教师的角色发生了变化。数字原住民们帮助教师提升计算机多媒体技术运用的能力,而教师也不得不佩服学生的信息技术能力。"学习共同体"在学科外产生互动的火花,这对师生合作进行项目化学习起到很好的推动作用。比如,有教师结合新冠肺炎疫情,组织学生探讨一些专题性问题,从历史的视角去梳理瘟疫对人类带来的影响以及科技在战胜瘟疫方面发挥的作用。看似与历史教材无关的内容,但实际上却让学生看到人类文明发展从区域走向整体过程中面临的挑战及人类的智慧,让学生理解任何事件发生、发展都是社会多重合力的结果。这种主题式的项目学习,让学生利用线上学习的资源更加自如地寻找史料、信息,更加乐意去合作解决问题。线上教学让大部分教师在原有教学模式上进行了优化和创新,并发现了自身课程开发的潜力。赋能的突破点客观上可以给教师带来提升教学实效的路径,但要把赋能的突破点变成真正的教学生长点,还需教师的自我提升,精准施策。

提升教师个人的数据素养和信息素养。2018 年联合国教科文组织发布《全球数字素养框架》,阐释了数字素养包括数字设备的操作与技术交流、信息内容的管理与创新、数字安全和问题解决等七方面涵盖计算机素养、数据素养、信息素养、媒介素养的能力。线上教学中,教师们在教学资源、教学活动、教学测评等方面已积聚相当的数字化数据,教师应及时优化这些数据的作用,如建立数据资源的关联图谱,应用这些数据来调整教学目标、重点和难点,优化教学设计,让数据运用的意识和数据素养成为助力教师教学技能提升的支撑点。此外,线上教学时教师往往会推荐学生相关学习资源的链接。所推荐学习资源的专业性、广泛性一定程度上反映出教师的信息素养,即检索、判断、使用、储存、管理数字信息的能力。现在是一个知识信息爆炸的时代,是需要理性判断信息真伪的时代。PISA2018 阅读评估报告中提到,"在 OECD 国家中,只有不到十分之一的学生能够根据信息的内容或来源区分事实和观点""阅读不再主要是提取信息,而是构建知识、进行批判性思考和做出有根据的判断"①。这些基于数据的观点不仅说明学生阅读能力还有很多提升的空间,还能说明学生在区分信息来源的可信度方面存在一定的短板。由此带来了一个更需要教师思考的问题:如何在增强学生的阅读能力同时,提升他们的信息检索、分析、判断能力。作为教师,我们有必要从专业性、学术性视角,帮助学生挑选适合的学习资源和网站,去助力学生学习,同时引导学生基于时空观念、史料实证等视角,用有效可信的信息,用符合逻辑的推理来分析、判断。

优化教师的评价过程和评估方式。线上教学"可视化"的作业让教师看到了学生巨大的学习潜力和创造力,这也在一定程度上促动教师反思现有评估体系的不足。我们现有评估体系侧重于终结性评价,虽然也有过程性评估,但学科内的过程性评估主要基于学生的考试成绩,比较难体现学生在发现问题、创造性解决问题方面的能力。因此,基于学生长时段发展的视角,教师可以把个人的教学经验、教学智慧与教学证据有机融合,基于教学证据和教学情境去设计合适的评估方式,尤其在评价指标上注重从"人"的发展中去审视"人"的进步,要关注过程性的评估。比如,教师采用循证教学的基本思路,从数据出发,根据学生课堂参与项目化学习合作的交流情况、作业完成的质量、主题活动设计的创新性等视角来进行个性化数据的积累。其中,可以通过"可视化"作业来体现学生的学习理解和成果,体现学生"可视"的思维发展。由此,教师形成"证据集",形成连续性评估数据,通过过程性的评价数据积累,提升教师教学的针对性和实效性。

提升教师指导学生发现问题解决问题的能力。当下,项目式

---

① 葛欣:《15 岁学生的数字阅读能力如何?》,《第一教育(环球教育时讯)》2020 年 2 月 10 日。

学习、融合式学习、探究式学习都不约而同地强调教师应在真实情境下发现真问题，引导学生进行真思考、真研究，最后去解决真问题的重要性。大家都认可，发现问题、解决问题的能力是一个人面向未来的终生能力，是人类社会向前发展所必要的个体能力。而发现问题似乎比解决问题更重要。因此，教师需要引导学生去发现问题、搭建支架去解决问题。这些问题一是在学习过程中学生产生的与所学知识相关的问题，二是来源于实际生活，在真实场景下，人们真实思考、寻求答案的现实或者未来问题，这些问题可以是社会关注的问题，可以是人们日常生活中发现或者经历过的问题。教师在指导学生的过程中，首先自己要有问题意识，要有换位思考能力，从学生视角来引导学生发现问题，从学科专业视角引导学生解决问题，这是教师应该不断提升的专业素养。

原文发表于《上海教育》2020年第20期

第五章

科研探索
助力成长

科研是教学的有力助推剂。一个学校,一门学科,科研搞得好,必定能提升教学的质量。这是因为,得益于科研的不仅有作为受教者的学生,还有担任施教者的教师。科研能使师生双方获益,借助科研的力量使教学获得进步的例子已屡见不鲜。然而,科研并非拍拍脑袋就能成事的,而是需要设计课题、安排进程、分析研判、总结提炼;多人参加的集体项目还需分工合作、切磋协调;至于跨校跨区的科研组织和实施就更是一项大的工程。本章收录的科研成果报告属于较大的集体项目,都在不同程度上促进了教学成长。

《高中历史主题式教学的实践研究》成果报告

互联网时代信息传递的高效便捷正在影响着学生的阅读习惯,"碎片化"阅读现象越来越普遍。面对2014年PISA项目测试中上海学生长文本阅读能力较弱的问题,以及高中生在历史学习中"碎片化"史料阅读制约学科思维发展的现象,笔者领导的科研团队率先进行了高中历史主题式"长文本"阅读教学的实践研究。随着高中历史课程标准、统编历史教材的相继推出,团队基于原有阅读教学的研究成果,以立德树人为核心,对新的课程观、教学观、育人观开展深度探索,创建了基于历史学科核心素养的主题式"跨单元"教学模型。2014年起,团队基于建构主义和"学习共同体"理论,以"主题阅读"为抓手深入开展"长文本"阅读教学及跨单元教学的实践探索,为当下探索"双新"实施提供了有价值的成果与经验。

一、问题的提出

停留于文本表面或片面的"浅层阅读"并不能带来真正的深度思考。高中生阅读"碎片化""片段式"现象居多,在历史学习中映射出学生对史料文本读解能力相对较弱。随着"双新"的推进,培养学生的学科核心素养已然是教学的出发点和落脚点。在历史教学中提升学生阅读素养、学科思维能力,将学生的历史学习转化为学科核心素养培育的过程,成为课改理念实践落地的关键。基于此,须解决以下主要问题:

1. 如何聚焦特定主题扎实开展"长文本"阅读教学?
2. 如何重构教学流程有效落实历史学科核心素养?
3. 如何提炼实践经验全面推广高中历史主题式教学?

二、问题解决的过程与方法

针对高中生史料文本读解能力较弱,及在"双新"背景下有效落实学科核心素养等主要问题,本团队采取"问题导向、选点实践、稳步推进、互促共进"的策略,围绕教学设计、教学实施和教研机制等展开了一系列的实践探索(见图6)。

图6 问题解决的过程与实践

(一)着眼"长文本",推进主题式阅读教学实践

基于历史文本"能阅读、会理解、善提炼"是学好历史的基本要求,团队以历史"长文本"阅读为着力点,聚焦主题开展历史阅读教

学探索，以发展学生的学科学习能力。

1. 基于调研结果的学生阅读问题分析

为了准确掌握高中生的历史阅读情况，团队对上海市11个区31所不同类型学校的4825名学生开展了调研活动。调研对象男女生比例为48∶52，其中市实验性示范性高中占比38.9%、区实验性示范性高中占比36.7%、普通高中占比24.4%，具有一定层次性、代表性。

调研数据表明，学生的历史知识主要来源于教师的讲授，平时历史类阅读时间较少，而且以短文本阅读居多，致使学生从长文本阅读中进行信息提取、理解、分析及表述应用的能力较弱。根据调研结果进一步分析成因，发现这些现象与日常历史教学相关的因素主要为：背得多，理解少；教得多，思得少；碎片多、联系少；输入多、输出少；事实多，判断少。

2. 围绕主题的"长文本"阅读教学实践

由于可供学生阅读的历史文本浩如烟海，团队以主题阅读聚拢学生的阅读视野及学科关键能力培养。团队首先以基础型课程[①]作为实践起点，进而延伸至拓展型课程、研究型课程。

在基础型课程中，基于单元核心内容，选择深化学生对复杂抽象史实认知的特定主题，教师基于教材中的史料片段阐发，为学生提供相关重要章节或整本历史名著作为辅助阅读文本，逐步改观学生"碎片化"的文本阅读问题，提升学生的文本分析和理解能力。在拓展型课程中，以历史上的重要事件、人物（如二战、李鸿章等）聚焦学生的学科关键能力（如史料实证、历史解释），以学生为中心，引入历史名著、历史影视、历史小说等多样化阅读材料，引发学生阅读兴趣，引导学生运用所学知识进行文本分析、理解和评判，

---

① 时值二期课改，学校实施的是基础型课程、拓展型课程和研究型课程。

提升了学生品读历史文本的能力。在研究型课程中,由复旦大学附属中学历史教研组牵头,组织了面向全市高中生的"博学杯"历史人文素养展示活动,每届活动围绕基于历史大概念的特定主题,使学生在教师协助下自主选择文本材料开展主题阅读与研究,以历史小论文、视频制作等形式分享研究成果,通过这样的活动,学生的历史探究、思辨和评判能力得到综合发展。

经过从课内到课外、课内外相结合的阅读教学研究,团队逐渐形成了以读引思、以思促写、以写启思、以思促读的"长文本"阅读教学特色(见图7)。

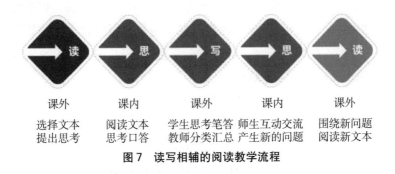

图7 读写相辅的阅读教学流程

3. 以主题写作促进学生客观评判的能力

历史阅读是学习内容的输入,历史写作则是个人历史感悟的输出。以事实为基础、史料为依据的历史写作不同于其他写作,展现了个人的历史学识底蕴、思维脉络和逻辑推演的研究过程。通过选题、搜集和鉴别史料、文献综述撰写、观点论证和正文撰写的历史写作指导步骤,学生由教师的引导阅读发展为自主阅读,从选定文本阅读发展为自选文本阅读,在历史写作过程中促进了"历史深阅读",由读到思,由思到写,在写的过程中提升了基于正确价值观引导下的客观评判能力。

(二)聚焦"判断力",开展主题式"跨单元"教学实践

随着高中历史课程标准、统编历史教材的颁布实施,落实学科核心素养成为历史教学的新要求和关键点。基于原有阅读教学的研究基础,团队聚焦与历史学科核心素养有较高关联度的"判断力",开展主题式"跨单元"教学实践探索。

1. 判断力是学生历史学习的关键能力

判断力是人们对事物本质及发展趋势做出准确判断的高阶思维能力。从历史学科的视角,表现为具有集证辨据、逻辑推理、解释评价等思维特征,包含事实判断和价值判断的学科关键能力。一般而言,基于客观历史史实的事实判断较多体现了"时空观念""史料实证"等学科核心素养,基于历史观点、评价等的价值判断则更多体现了"唯物史观""历史解释"和"家国情怀"等学科核心素养,因此"判断力"的培养既是历史学科关键能力的体现,也是作为落实历史学科核心素养的实践抓手(见图8)。

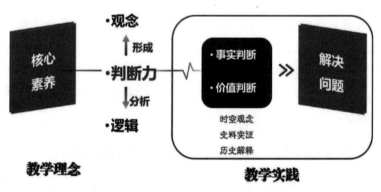

图8 历史学科"判断力"模型

2. 立足统编教材的主题式"跨单元"教学实践

根据历史课程标准的教学实施建议,基于对统编教材、学情实

际的分析,课题团队将高中历史统编教材作为研究起点开展实践研究。

首先,基于主题式阅读教学的研究经验,以"概念—主题""跨单元"理念为引领,提炼出能统摄教材内容的历史大概念。围绕大概念选取一个或多个有助于学生"判断力"培养的学习主题,以论题或观点等形式呈现的学习主题将课程内容结构化,起到以核心内容学习牵动整体内容学习的作用。

聚焦主题设计引领学生主动参与、深度思考的问题链,让学生在问题解决的过程中重构知识体系。问题链是学生逐级攀登思维广度、深度的学习阶梯,也是围绕主题链接不同单元的生动关联,强化了学生的迁移能力,实现了将所学"为我所用"。团队还充分利用跨单元长时段学习的优势,创设历史语境的史料文本阅读,为"纲要式"高中历史教材的有效实施提供了必要的学习条件,学生在阅读的体悟、分析、思辨、反思过程中实现判断力的提升和学科核心素养的养成。

在"以终为始"理念下关注过程性评价,从尊重学生个体差异出发调整评价过程。主要做法为:教师、学生、同行聚焦学生发展核心素养的评价,建成了多维反馈的评估流程;形成了动态评估和静态评估指标体系,如课堂对话、作业展示、纸笔测试等;建构了综合呈现多方数据的评估框架,推动主题式"跨单元"教学新样态的发展。

(三) 依托"多平台",构建"互促共进"的教研共同体

依托上海市名师攻关基地、杨浦区名师工作室等平台,以项目为引领组建教研共同体,通过协同攻关的方式推进研究进程。

1. 基于研究目标,创建教研共同体

团队由市区校不同教研平台的教师组成,本着"共学、共研、共

进"的理念,将总项目的研究重点分解成若干攻坚子课题,由研究兴趣趋同的成员结成攻坚课题小组。依据子课题成员的年龄、专业基础、所在学校等实际情况,以带教、结对等方式架构起研究梯队,发掘个人潜力,发挥团队合力,激发教研共同体的研究活力,有力推进项目研究。

2. 基于成员差异,开展个性化研究

团队成员来自不同区的初高中学校,专业能力、学校学情等存在较大差异。根据实际情况,团队基于项目探究过程中生成的共性问题与成员所在学校实践中产生的个性化问题,聚焦难点,协同攻关,并在此基础上形成操作指南,更好地服务于实际教学。

3. 基于成果推广,落实高质量转化

以项目为推进,团队相继开展了从主题式"长文本"阅读教学到主题式"跨单元"教学的实践研究,在"理论指导实践、实践提炼经验、经验转化成果"的指导思想下,通过撰写案例、同课异构、微课程开发、专题论坛等研究活动,团队成员以论文、课题、报告、专著及教师培训课程等形式呈现了研究成果,不仅扩大了影响力,也形成了可复制可推广的成果形式,对历史课改的探索起到了示范、辐射的作用。

三、成果的主要内容

以学生发展为视角,团队着眼于学生的学科关键能力和核心素养的培养,通过调查研究、文献研究、行动研究和案例研究等形式,收获了相应的研究成果。

(一)开展了主题式"长文本"阅读教学实践

团队将"主题、探究、表达"三个建构主义要素贯穿于主题式

"长文本"阅读教学之中,探索形成了"独立阅读—合作探究—表达展示"的阅读教学流程。

1. 聚焦主题,以阅读促进深度学习

基于教学核心内容设定主题,让学生的阅读有引领、有中心,从而有利于学生对学科核心内容的理解与确立正确价值观。选择特定主题主要考虑几个因素:立足于教材,促进学生深度学习;聚焦学科关键能力,提升学生的学习能力等。

以单元教学"20世纪下半叶世界的新变化"为例,整个教学内容包含了半个世纪以来世界局势及各国间力量消长的变化,史实众多、关系复杂。由于受限于课时,课堂学习中学生阅读的史料大多较为简短,无法获取较为全面的史料信息。概览20世纪下半叶世界格局的变化历程,即从冷战、两极对抗到一超多强、多极化趋势,教师以"对抗与平衡"为主题,推荐相关历史论著开展长文本阅读,引导学生在课外阅读相关历史史事、史实,了解20世纪下半叶的世界格局变化的历程。同时在拓展课中继续以"对抗与平衡"为主题,聚焦历史上的个人与群体、行为和后果,开展文本阅读教学,促进学生深度学习(见图9)。

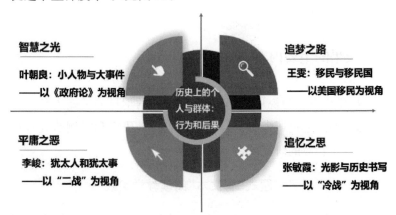

图9 主题阅读拓展课的课程设计

2. 重视探究,以对话激活思维能力

文本阅读过程是学生理解、评析著者观点、思想和情感的过程,也是形成自己历史认识的过程。团队坚持"生读、师导、共读、生讲"的实施路径,在"读""研""讲"各个环节中凸显学生的主体地位。

在历史阅读教学中,以问题设计引导学生开展学习探究,激发学科思维,形成了基于文本阅读、围绕文本阅读和超越文本阅读的阅读指导方法(见图10);以师生、生生互动来进行观点对话,碰撞思维火花,促进学生在"读读—议议—讲讲—评评"的学习过程中发展阅读能力,提升学科思维品质。

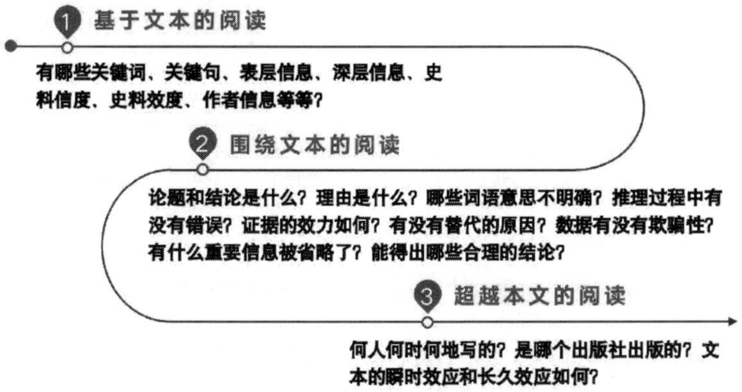

① 基于文本的阅读
有哪些关键词、关键句、表层信息、深层信息、史料信度、史料效度、作者信息等等?

② 围绕文本的阅读
论题和结论是什么?理由是什么?哪些词语意思不明确?推理过程中有没有错误?证据的效力如何?有没有替代的原因?数据有没有欺骗性?有什么重要信息被省略了?能得出哪些合理的结论?

③ 超越本文的阅读
何人何时何地写的?是哪个出版社出版的?文本的瞬时效应和长久效应如何?

图10　历史阅读教学的指导方法

3. 关注表达,以写作发展核心素养

秉承"输入—过程—输出"的学习质量观,团队成员经过合力探索,形成了"独立阅读—合作探究—表达展示"的主题式"长文本"阅读教学流程,归纳了以历史名著、历史影视、历史小说为阅读文本的阅读指导方法和评价方式,及基于阅读的以历史小论文、历史剧创为主要形式的历史写作指导方法(见图11)和评价方式(见

表14）。以历史写作展现学生阅读思考、认识内化的过程,在读与写的切换中进一步激发学生思维、提升学生阅读能力。

图11　主题阅读写作流程

表14　历史写作的评价方式

水平1	能发现史实间主要特征的异同点。 能将史料与历史叙述进行对比,分析两者的关联性。
水平2	透过作者的时代背景、个人好恶、关注差异、知识背景、主流舆论等,说明历史解释不同的成因。
水平3	运用唯物史观,多视角的解释和评价历史人物、历史事件。
水平4	质疑有明显缺陷的历史叙述、解释和评价, 反思验证自己认识问题的正确和准确程度。

（二）构建了主题式"跨单元"教学的新样态

团队从"大概念—多主题—跨单元"的视角重构教学内容,基于学生学习逻辑去设计"问题链",以"真情境—主问题—融评价"的路径进行教学设计,形成了主题式"跨单元"教学的新样态。

1. 以学科大概念组织教学内容

团队打破传统多数以学科知识内容为起点的课程设计思路,基于对学科特点与学科核心素养的理解,以学科大概念为核心组织课程内容(见图12)。学科大概念指向反映学科本质的核心内容和教学核心任务,是能将学科关键思想和相关内容联系起来的意义模式,可以促进学生深度的、可迁移的知识理解。例如,"中华传统优秀文化""生产力与生产关系的辩证关系"等为主题的教学设计(见表15)。

图12 主题式跨单元教学设计

表15 大概念"中华优秀传统文化"的主题框架(节选)

主题	单元群	跨单元的内容主旨	跨单元的教学目标
中华优秀传统文化在历时性中发展创新	《中外历史纲要(上)》：第一单元第2课《诸侯纷争与变法运动》、第4课《西汉与东汉——统一多民族封建国家的巩固》；第二单元第8课《三国至隋唐的文化》；第三单元第12课《辽宋夏金元的文化》；第四单元第15课《明至清中叶的经济与文化》	在漫长的历史进程中，伴随着政治、经济、社会的发展变迁，中华民族在传承发展、交流互鉴中创造了独树一帜的灿烂文化。每次文化新高峰既是时代特征的体现，也是社会存在决定社会意识的结果。众多文化成果体现了中国优秀文化的多元丰富、包容创新的特点。中华优秀传统文化为其他国家和民族提供有益启迪，具有历史意义和现实影响。	初步了解中华优秀传统文化的主要成果及其内涵特点；从时代特征、创新意义及传播交流的视角，解释和评价优秀传统文化成果；从社会存在决定社会意识的视角，分析、判断中华优秀传统文化传承、发展、创新的深层源远；认同中华优秀传统文化，增强民族文化的自信，涵养家国情怀。
中华优秀传统文化在共时性中交流互鉴	《中外历史纲要(下)》：第一单元第2课《古代世界的帝国与文明的交流》；第二单元第4课《中古时期的亚洲》；第九单元第22课《世界多极化与经济全球化》		

高中历史课程的内容涉及面广,包含史事多,通过学科大概念组织课程内容,不仅是"以点带面",而且在完成教学内容覆盖的同时,兼具了对史学概念、史学方法的深入和持久理解,符合历史课程标准提出的以核心内容带动整体内容的教学实施建议。围绕学科大概念,基于教学目标和教材内容选取若干学习主题,辅以文本阅读,引导学生深入读解历史,重新建构自己的知识体系,在问题解决中实现学科核心素养的培育。

2. 以问题链设计推进教学过程

学生解决问题的水平程度能够衡量学习的进步程度。教学设计时,立足学情及教学内容的逻辑层次,设置具有情境性、启发性、现实性和探究性的问题,建立问题之间的逻辑关联,以问题引导、推进学生的学习深入和能力培养(见图13)。

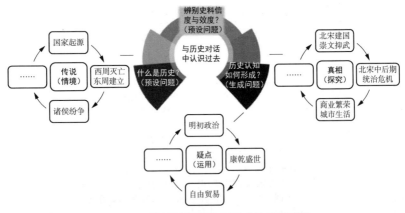

图13 以"问题链"推进主题式跨单元教学

例如,主题为"在与历史对话中认识过去"的跨单元教学,以"传说"为情境,围绕"国家起源、周朝兴亡、诸侯纷争"的发展脉络,通过传说、文献和考古相互印证的学习活动,对史料进行整理和辨析,让学生认识中华文明发生的来龙去脉;以"真相"为探究,通过观察图像、文献阅读等方式获取历史信息与证据价值,由此分析唐末以来的历史问题,也衍生出宋代改革造成的"弱"与"贫"问题的讨论;又以"疑点"为运用,选择明清历史中一些典型的内容,在探索的、设问的、存疑的教学过程中,使学生了解学术界还未解决的问题,理解明清中国版图的奠定与面临的挑战,深化对这一历史事件时代背景的认识。

主题式跨单元教学中的问题链包含了统领跨单元内容的综合问题,基于单元视角助力理解综合问题的专题问题,呼应专题问题而具体理解单课内容的基础问题,还有与现实世界联系形成延伸的拓展问题,层层递进的问题链为满足不同学生的能力培养提供了路径。通过教师创设的问题情境,学生需激活已有知识、概念和方法用以分析和解决问题,层层深入,在问题解决过程中不断挖掘主题意义,形成个人观点。在此过程中,学生进行了新知识的学习和内化,在认知与思考的相互作用中激发更高层次的思考、更深层次的理解,并会由预设的问题逐渐转化成生成性问题,完成从理解、模仿到迁移的学习过程。

3. 以多元评价促进学生学习

立足学习的视角,评价的目的不只是为认证学生的学习水平提供客观依据,更为重要的是实现教师有效教学,促进学生有效学习,一言概之,就是为学生学科关键能力与核心素养的达成而评价。在研究中,团队初步形成了具有"信息多元、关注过程、思维具象"等特征的"教-学-评"一体的实施路径。

学生能力与素养的形成是持续提升的过程,因而评价不能只拘泥于课堂,教师、学生、同行、家长等都可以是评价主体,需要从不同专业背景、观察视角建构聚焦学生能力发展的评价模型(见图14)。通过多元评价的运行,在"跨单元"教学中关注学生的学习动态,通过"评价—反馈—调整"的运作过程改进教与学的方式。

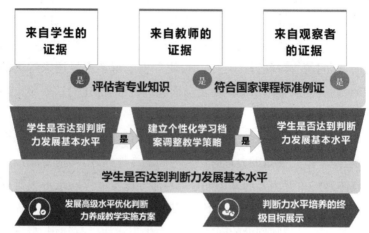

图 14 聚焦学生判断力的评价模型

历史问题的探究过程在一定程度上实现了学习思维的过程外显,基于"可视化"的视角,通过思维导图、课题研究、历史小论文等表现性学习任务,以文字、图片等形式展现学生的思维发展过程。基于情境的"可视化作业",使学生的思维过程由抽象走向具体,让学生的能力发展与学科核心素养的达成度评价有迹可循,更有助于师生找到落实学科核心素养的关键所在(见图15)。

(三)互促共进的教研共同体推动深度研究

以团队成员的专业提升保障项目研究,以挑战性任务培养团队创造性解决问题的合力,为课改攻坚的上海方案提供优秀的教研案例。

1. 以教师专业发展保障项目研究

在项目实施过程中,团队要求成员通过"读、写、听、思、行"发展和提升专业水平。比如,以"悦读"计划培养成员研读学术、教育专著的自觉性,撰写读书笔记分享体会、碰撞智慧;以"学分"计划

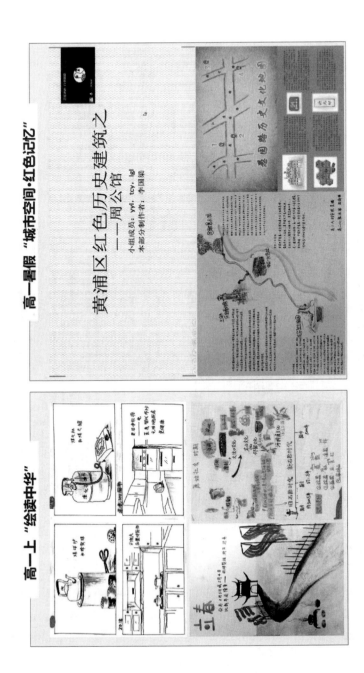

图 15 学生可视化作业

提供大学网络课程，创设与名教授、名师零距离交流的研习机会，丰厚学科专业底蕴；以"分享"计划开展同课异构、微课研究、专题论坛等活动，激励成员将研究经验转化为可推广、可复制的规范化成果，提升教学研究能力。

2. 以任务驱动策略助推研究深入

以"专家引领、项目驱动、协作共享"的方式，团队依托多样平台有效整合研究资源，创新研究形式，以结对带教的方式推动攻关基地成员与工作室成员的"互促共进"，并将公开课集体研讨、子课题合作研究、联合主题展示等作为驱动团队深度研究的推手，成员们在"共学、共研、共进"的氛围中探寻自身专业发展的生长点、突破点。同时，通过文字、巡展、论坛等形式，将研究成果规范化，并加以推广形成辐射影响。

四、效果与反思

（一）实践成效

1. 素养培养意识及能力提升明显

持续七年多的研究实践中，围绕主题式"长文本"阅读教学和主题式"跨单元"教学，团队成员逐步掌握了以"概念-主题"实现"知识-能力"的教学转化，通过设计"问题链"、设置情境性学习任务引导学生在学习活动中实现学科关键能力的培养，并实践探索以可视化评价手段"看见"学生的思维过程，从而增进了对历史学科核心素养和课程价值的理解。围绕课程的目标、主体、过程、评价和资源等要素，团队成员形成了以学生视角和素养视角开展教学规划的自觉意识，开设了内含时空观念、史料实证、历史解释等核心素养培养并聚焦判断力的选修课，通过"学习—实践—反思—

学习"的路径实现了课程实施能力的提升(见图16)。

图 16　课程意识的要素关系

2. 项目实践与研究成果层级累进

整个研究过程中,有 10 所不同区域的学校开展了主题式"跨单元"教学实践,团队成员立项市区子课题 25 个,主编、参编著作 13 部,在市、区级刊物、报纸上发表研究文章 65 篇,其中《关于历史细节运用于教学的思考》《主题式跨单元教学在高中历史教学中的尝试》等文章被人大报刊复印资料收编,出版了成果专著《看得见的思维——核心素养视域下的历史学科判断力培养》,为高中历史课改的推进及实践研究提供了有价值的参考。

调研表明,通过主题式"跨单元"教学实践,学生提升了历史学科的关键能力,核心素养的培育得到落实。100 多位学生在上海市"博学杯"历史人文素养展示活动、上海市"青史杯"高中生历史剧本大赛、上海市青少年科技创新大赛中获奖,形成可视化成果 50 多项,正式出版学生论文集 2 部。

根据学校、教师、学生的差异性,项目研究与成果在不同层级进行推广,开设国家、市、区级公开展示课 33 次,形成公开教学案例 30 多篇;项目成果开展巡展活动 7 次,进行校级以上学术交流 66 次,充分体现了团队成员的深度研究成果和实践成效,获得了专家、同行们的肯定。

3. 项目研究成果的社会影响日益广泛

主题式"跨单元"教学是依据高中课程方案、课程标准，开创性完善学科育人方式的实践探索，同行、专家们认为，这是基础教育领域"上海经验"的重要组成部分，体现了上海教师在教改中的创新精神。

项目研究的部分成果被纳入教育部基础教育课程教材发展中心的深度学习教学改进项目、教育部课程教材中心组织的普通高中新课程新教材实施全员研修项目、2021年上海市指向核心素养的深度学习教学改进项目的推广案例等，并被遴选为市级优秀成果进行展示，团队成员在教育部统编教材调研会上代表上海的历史学科作了成果交流。目前已有近10多个外省市学校代表、100多位上海市历史教师参加了观摩和研讨活动。

（二）反思与展望

主题式"跨单元"教学提供了一种创新课程设计和教学实施的可操作思路、实践路径，由于学生的个体差异性、学习活动的复杂性，如何进行深度学习视角下的学习方式、评价方式的优化和创新，如何构建聚焦核心素养培养的初高中教学衔接、跨学科教学融通机制，并在课程建设和课程设计中加以完善，以实现高质量的学科育人，还需要更为深入的实践探索。

本课题由李峻主持，参与成员有张曦琛、张敏霞、叶朝良、王长芬、王雯。

《核心素养视域下的历史学科判断力培养》成果报告

一、背景与价值

信息化时代的"碎片化"阅读习惯,使学生往往脱离具体语境去理解文本信息,进而弱化了对文本信息的辨析、质疑能力。信息"茧房"现象更需要学生在真实情境、历史语境中,运用史学思想方法对历史、现实甚至未来的环境进行正确的评判、判断。

判断力是个人独立人格养成中不可或缺的能力。从历史学科视角来看,判断力包含了事实判断和价值判断,它是时空观念、史料实证、历史解释这些历史核心素养的具化表现,也是唯物史观、家国情怀这些核心素养内化为品格养成的外在体现。判断力与历史学科核心素养有着高度关联,是教学落实学科核心素养的重要抓手,亦是学科核心素养在学生身上的综合体现。

本项研究旨在高中历史教学中培养学生集证辨据、逻辑推演和解释评判等思维能力,进而提升学生的判断力。此研究既是"双新"背景下学科育人的重要实践探索,也是从"全人培养"的视角践行育人方式改革的理念。项目研究围绕课程设计、教学方式、评价模型、教研机制等方面,形成了在核心素养视域下历史学科培养学生判断力的策略与路径。

二、过程与方法

（一）目标引领：由文献研究到问卷调研，研究准备扎实精准

聚焦关键问题，经过相关文献检索与研究，对上海市6个区10多所学校的1580名学生开展问卷调研，在问卷数据充分研析基础上，借力大、中学专家的指导，精准课题研究着力点，完善课题研究方案。

（二）设计先行：由选点实践到全面推进，实践研究有序深入

团队把高中历史必修教材《中外历史纲要》（上、下）作为实践起点，依据高中历史课程标准的内容要求及教学建议，开展聚焦学生判断力培养的课程设计、实践教学和主题展示。结合专家、同行的意见与建议，团队又在选修课及实践课程中进行扩展研究，取得了丰富的研究成果。

（三）资源整合：由汇集资源到整合资源，推进研究有力有效

团队整合深度学习项目、空中课堂及区名师工作室等平台资源，组建了相关的攻关子课题，在协同研究中有效推进研究深入，也使不同专业层面的教师获得发展提升，团队成员的"共学、共研、共进"为课题研究的开展提供了有力保障。

（四）成果提炼：由研讨展示到撰文著书，研究成果丰富显著

历时三年的研究，形成了市区级公开展示课、微课程视频、立项课题、论文发表、学术交流、课程开发等研究成果,为课改的顺利推进提供了可复制可推广的经验。

三、内容和成果

(一)形成了历史学科判断力培养的理论主张

1. 构建历史学科指向判断力培养的"三维模型"

围绕学科核心素养、判断力等进行关联研究,阐释判断力的内涵要义,即学生在面对复杂问题情境时,立足于真实的史事与史料,从长时段、多角度的视域观察历史事物,基于正确的价值观和理性思维做出客观分析、解释评价,形成自己的判断结论并具有解决问题的关键能力。

基于已有的相关研究基础,团队进一步厘清历史学科核心素养与判断力的关系,并建立起"历史语境""历史学科判断力"与"历史学科核心素养"的三维研究模型(见图17)。

图17 历史语境、判断力与核心素养

2. 归纳历史学科指向判断力培养的实践策略

在历史学习中,学生基于一定的历史语境阅读、理解文本,对文本信息进行提取和辨析,进而形成自己的历史认识,这是学生历史思维及判断力培养的基础过程。团队就历史语境下对文本信息进行"提取""辨析""推理""评判"等方法做了梳理,并形成以"人物评价""事件分析""观点结论"为中心的教学实践路径,构成了指向学生判断力养成的实践策略(见表16)。

表16　历史语境下"提取""辨析""推理""评判"等方法

	基于历史语境的 史实还原	围绕历史语境的 史识建构	超越历史语境的 问题解决
提取	作者是如何获悉过去的信息?	围绕相关历史事物的其他重要史料、解释还有哪些?	相关历史事物对历史发展产生什么影响?现在和过去之间有何联系?
辨析	时代语境:过去的人们对于事件的判断因何不同,其依据是什么?	传播语境:其他历史学家对相关问题还做出了哪些不同的解释?对这些解释的可信度如何评判?	接受语境:如何运用所占有的史料来解决历史、现实问题?
推理	作者是如何借助史料和史学方法来支持自己的解释的?推理是否符合历史逻辑?	围绕相关历史事物,从中发现:什么样的事件、人物、观点、转折点对历史发展比较重要?	从历史学家们的历史解释中可以提取哪些有利于当下解决问题的思路、方法和行动,且符合逻辑推理?
评判	作者提供的历史史实、历史解释是否还有漏洞或者可质疑之处。可以采用什么方式或者路径去弥补或者修正?	围绕相关历史事物,什么样的历史事物是重要的,是值得后代思考研究的?	如何使用已学的知识来评估问题解决过程中的重要举措可能带来的结果?并做出明智的决策。

(二) 建构了培养历史学科判断力的四大路径

梳理课程改革对于课程、教学、评价的要求,以项目研究为载体,建构培养高中生判断力的实践路径。

路径一:核心素养下的主题式跨单元教学

主题式跨单元教学是教师基于对学科特点、核心素养的深入理解,围绕一个"大概念",选择适切主题有效整合学科内外知识实现结构化,在"大概念"视野下的可视化的学科教学"图景"。

团队打破多数以学科知识内容为起点的教学设计思路，以学科大概念为核心，以主题为引领，使课程内容结构化、情境化，促进学科核心素养的落实。学科大概念的"大"是指"核心"，在核心概念统摄下带动整体内容的教学。经过反复的实践研究，形成了主题式跨单元教学设计的六步框架，即"选择大概念、筛选大主题、确定单元群、形成问题链、探究真问题、设计评估方案"。虽为线性排列，但实际是一个循环的过程，可以不断回溯和完善。

从"大概念—多主题—跨单元"视角重组课程内容，不仅是"以点带面"让学生学会知识，更是在习得史学思想方法、完善历史学习方式的过程中尝试运用知识来解决问题，从"知识获取"走向"问题解决"。当学生面对历史和现实问题时，能激活已学的史学概念或史学方法，用以分析解决问题，从"知识本位"走向"素养本位"的价值旨归也就实现了。

路径二：基于语境建设的阅读与写作教学

团队以历史学科核心素养为教学目标的导向，围绕中外历史上具有代表性或争议性的历史事件、历史人物、历史评价，选择经典历史名著的重要篇章作为单元教学的辅助阅读文本，组织学生开展主题阅读。

教师聚焦选择的典型历史事件或者历史人物等设计问题链，以"生读、师导、共读、生讲"的形式，基于历史语境从史料、史实、史观视角提升学生阅读分析的能力，使学生养成阅读反思的习惯，与学生一起展开问题研讨。学生在互问互答、互相启发与深入研讨的过程中，丰富知识，拓展思维，并以历史阐释、历史写作等方式，将习得的全面、辩证、多层面观察和分析事物的方法进行实践运用，呈现其集证辨据、诠释评价的判断力。

路径三：综合学习情境下的主题实践活动

历史学科判断力是个人对历史或现实事件、问题作出独立分析、明辨是非的综合评判能力。相较于课堂教学的问题情境,研学考察、口述史访谈等主题实践活动可以提供更为系统完整的综合性学习情境,有助于判断力的养成和核心素养的综合发展。通过口述史学、社会调查等任务设计,指导学生进行资料收集、方案制定、自主探究、成果展示、评估反思等,通过浸润、陪伴的教学形式,让学生以问题为中心开展探究学习,以表现性评价记录学生的能力变化过程,助力学生判断力的发展。自2015年以来举办的"博学杯"历史人文素养展示活动,以主题阅读、课题研究等为培养抓手,积极探索提升高中生史学素养及判断力的有效途径。比如,以"国家记忆"为主题的高中生人文素养展示活动,引导高中生关注社会,从历史学科的视角去提取信息,以口述史为探究路径去探寻自己身边的故事,在发现问题、解决问题的过程中逐渐提升自身的历史思维能力。走近现实,回溯历史,学生在实践活动中抒发对家国情怀的理解,表达他们对责任与担当的诠释。学习过程中,教师从情景、协作、交流和意义建构等方面关注学习者的变化与成长,引导学生进行自我评估与反思改进。学生在学术研究、论据性写作、演讲技巧、思维模式、解决问题等方面的发展变化,在一定程度上折射出判断力养成的教学成效。

路径四:"可视化"探究作业的设计与实践

学生对历史问题的探究过程反映了其思维的过程,例如课堂教学中问题探讨环节,学生的应答能反映他对问题的思考角度、推演能力、价值取向等,学生对问题的辨析、论证与评判都是个人判断力表现变化的信息。

基于"可视化"的视角,围绕主题或关键词,团队将思维导图、历史绘图、历史年表等思维"可视化"手段融入作业设计。"可视化"作业内容侧重实践探究,注重体现个性化、生活化和社会化,让学生在真实情境中经历有意义的表现性任务,调动已有经验,形成新的认识和理解。以文字、图片等形式记录、显现学生的思维发展痕迹,对学生的历史学习起到了促进与检测的综合效应。

团队在研究中对"可视化"作业进行了类型划分,并形成了指向判断力的水平评测标准。通过基于情境的"可视化作业",使学生的思维过程由抽象走向具体,使学生学科核心素养达成度的评价有迹可循。

(三)提炼了培养历史学科判断力的若干策略

1. 以"大概念"实现"知识—素养"的转化

概念是以抽象化方式从一群事物中提取的反映其共同特性的思维单位,是蕴含丰富内涵的意义模式,能连接不同的知识片段,为学生提供联系更为紧密的学习体验,促进学生深度的、可迁移的知识理解。

高中历史内容涉及面广,以大概念带动整体内容的教学,在一定的问题情境下会触发大概念的联结机制,可以帮助学生建立素养内与素养间的网络结构,在合理解决问题的过程中实现"知识—素养"的转化(见表17)。

表17 "人类命运共同体"主题框架(节选)

	主题	单元群	真问题
大概念 人类命运 共同体	文明的交流互鉴	《中外历史纲要(上)》第五单元; 《中外历史纲要(下)》第三、四、五、六单元	全球化下文明的多样性会消失吗?
	亚非拉国家的现代抉择	《中外历史纲要(下)》第三、六、七、八、九单元	过去的历史会怎样影响人们现在或未来的选择?
	让科技造福而不是毁灭人类!	《中外历史纲要(上)》第三单元; 《中外历史纲要(下)》第三、五、六、八单元	人工智能会不会埋没人类的未来?

续 表

主题	单元群	真问题
战争与和平	《中外历史纲要（下）》第七、八、九单元	当代世界如何维护和平、发展、合作、共赢的时代潮流？
新民主主义革命胜利的经验教训及其反思	《中外历史纲要（上）》第七、八、九单元	中国道路从哪里来、向哪里去？
民族复兴视角下的革命与改革	《中外历史纲要（上）》第五、六、七、九、十单元	中国为什么要继续改革开放？

2. 以"问题链"串起"大概念"

遵循课程标准的教学要求，设计有价值、可探究的"问题链"（见图18）。"问题链"是指聚焦大概念，将教材中的重难点，按照知识间固有的内在联系转换成为层次鲜明，具有独立性、梯度性、开放性及系统性的一系列教学问题。这些问题把要学习的知识进行了有机连接，做到既让知识内容更加完整，又使知识间的联系更为紧密，在引导学生解决问题链的过程中促进学科思维和能力的发展。

- **历史与记忆**
  人类的历史可以被认识吗？
  全球化下文明的多样性会消失吗？
- **历史与未来**
  中国为什么要继续改革开放
  中国道路从哪里来、向哪里去？？
- **历史与科技**
  人工智能会不会埋没人类的未来？
- **历史与时事**
  全球化症候的难民问题能解决吗？
  全球化危机下亚非拉国家如何抉择？

图18 指向判断力养成的主题与"问题链"

3. 以"实践参与"解锁"问题链"

实践活动不仅是对学科知识的有效整合、综合运用，也是与学生生活领域和生活经验的深度结合。实践活动强调超越教材、课堂和学校的局限，开展与自然、生活和社会领域紧密联系的学习活动，用多种实践载体唤醒学生对事物本身的思考，立足问题链探究，注重体验、实践的学习过程，建构起更加多元和宽泛的知识体系。

（四）探索了指向历史学科判断力的评价框架

1. 研制聚焦判断力培养的指标体系

基于主题式跨单元教学等实践探索，通过学生在真实情境下解决问题的历史学科判断力的表现研究，课题团队具体开展了指向判断力的评价框架、评价流程、评价重点和评价工具等专项研究。依据历史学科判断力的内涵，从具体内容与水平层级两个维度研制了历史学科判断力培养的质量指标体系（见表18）。

表18 历史学科判断力培养的质量指标体系

判断力	水平1	水平2	水平3	水平4
甄别能力	能够区分史料的不同类型、来源和观点；能够辨识历史叙述中不同的时间与空间表达方式。	能够认识不同类型的史料具有的不同价值；能够认识事物发生的来龙去脉，理解空间和环境因素对认识历史与现实的重要性。	能够利用不同类型史料，对所探究的问题进行互证；能够用特定的时间空间术语对较长时段的史事加以概括和说明。	在对历史和现实问题进行独立探究的过程中，能够恰当地运用史料对所探究问题进行论述。
解释评判能力	能够辨析历史解释的合理与否；能够发现这些历史解释与以往所知历史解释的异同。	能够对个别或系列史事提出自己解释；能够尝试从历史的角度解释现实问题。	能够基于时代语境、传播语境、接受语境构建对历史和现实问题的解释，说明导致这些不同解释的原因并加以评析。	在独立探究历史问题时，尝试验证以往的说法或者提出新的解释，符合历史逻辑。

续 表

判断力	水平1	水平2	水平3	水平4
解决问题能力	不能结合已有知识解决历史、现实乃至未来问题。	结合已有知识,提出解决历史、现实乃至未来问题的1—2个可行性举措。	结合已有知识,个性化、原创性提出解决历史现实乃至未来问题的3—5个可行性举措。	结合已有知识,个性化、原创性提出解决历史、现实乃至未来问题的5个以上可行性举措。

2. 设计指向判断力养成的评价模型

教师、学习同伴、教育专家、家长等都可作为学生能力的评价主体,他们从不同专业背景、视角聚焦判断力进行观察、评判,构建了综合多方数据的评价框架(见图19),呈现了多维反馈的评价流程(图20),形成了动态评估(过程性评估、成长性评估)和静态评估(课堂对话、作业展示、纸笔测试)相结合的评价方式。通过包含多元评价主体的评价模型运行,从有效评价的设计者、实施者和反思者视角,形成教师主导设计的评价形式、内容,并把评价反馈的大数据作为指导,整合实证数据改进教与学的方式。

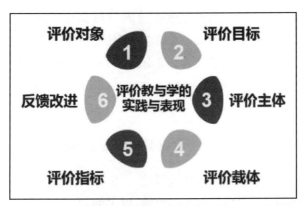

图19 评估框架的基本要素

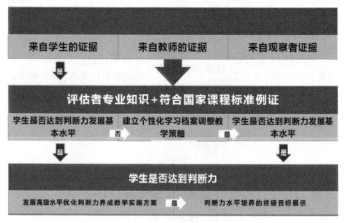

图 20　多维反馈的评估流程

四、效果与影响

（一）学生学习方式的渐变促进核心素养育成

团队经过跟踪调研发现,学生的时空观念、史料实证、历史解释等核心素养水平呈现上升趋势,在跨学科、跨领域研究方面也取得突破。有 8 名学生获 2019"博学杯"历史人文素养展示活动的二、三等奖,7 名学生获第 35 届上海市青少年科技创新大赛一、二、三等奖。学生可视化成果 50 多项,学生论文集由复旦大学出版社出版。

（二）教学行为的渐变促进教师专业素养提升

团队成员立项相关市区级课题 11 个,公开发表文章近 40 篇,多篇文章被人大复印报刊资料收编,以主编、参编形式参与著作编写近 10 部。举行市区级展示活动 16 次、教学成果巡展活动 2 次,区级以上学术交流 32 次,形成公开教学案例 30 多篇。团队成员获学科带头人、骨干教师等荣誉称号或奖项累计 30 项。

(三)课题研究成果的层级累进影响日益广泛

课题相关研究成果被纳入教育部基础教育课程教材发展中心的深度学习教学改进项目、高中历史统编教材教学示范项目,及为上海市教委、上海市师资培训中心遴选的巡展项目等,有 100 多位上海市历史教师,近 10 多个外省市学校代表参加观摩研讨活动。专家们认为研究成果是基础教育领域"上海经验"的重要组成部分,体现了上海教师在教育改革中的创新精神。

本课题由李峻主持,参与者有叶朝良、张敏霞、王长芬、张曦琛、王雯、范国刚、郭晓汀、刘先维、栾思源、曹玲、杨帆

指向语境还原的高中历史
阅读教学的实践探究[1]

  1998年起,复旦附中历史教师进行阅读教学的初步探索,组织学生进行"读历史、写家谱"的"做历史"活动。同时,结合游学课程,指导学生阅读中华历史,体悟文明的发展。2013年初,课题组成员进行了相关教学成果的汇报。同年,PISA项目测试出上海学生长文本阅读能力较弱,针对这个结果以及学生历史学习中"碎片化"阅读、"泛娱乐化"阅读、历史教学中的史料"片段式"阅读情况,我们进行了以"语境还原"为指向的高中历史阅读教学的实践探究。"语境还原"是指主要通过长文本阅读,审视文本的表层信息与深层信息、客观史实与历史解释之间内在联系,从时代背景、时空观念、作者阅历等多重视角还原文本的历史语境,旨在更好理解作者的观点和文字深层指向,在长文本阅读过程中感受"知真""求通"的学科价值。复旦大学李宏图教授感慨道:

    进行这场实验并非易事……对学生而言是种压力,但对老师而言更是严峻的考验,老师们不仅是教学不能

---

[1] 该项目得到上海市教师专业发展工程领导小组办公室、上海市历史教育教学研究基地的资助。

放松,同时还需转换原有的教学范式,带头阅读和写作,作出示范,这些平添了很多的工作量。难能可贵的是,凭借着强烈的使命感,复旦附中历史组的老师们克服种种困难,坚持不懈,终于初见成效,走出了一条新的历史教育之路。

在十七年[①]探索中,我们基于建构主义和"学习共同体"理论,以长文本为主要阅读对象,以主题阅读的合作探究为主要教学形式,寻找到一条学生深度学习历史的路径。

一、问题的提出

2010年,欧盟制定的未来人才的"核心素养"之中,"读、写、算"能力被认为是世界公民的第一基本素养,关注学生的阅读与写作能力日益成为教学的重要目标之一。写作能力基于阅读能力,阅读能力基于阅读量和阅读技能以及相应的思维能力。就上海的高中历史教学而言,学科核心能力,如集证辨据和诠释评价能力都需要一定的阅读文本能力和思维逻辑能力。但在实际教学中,高中历史阅读教学并没有得到重视和实践,与阅读相关的问题暴露出高中历史教学上的短板。

1. 学生习惯于"碎片化"阅读,对长文本阅读存在一定畏难情绪

近几年,上海学生在国际学生评估项目"PISA"中取得优异成绩,但是在阅读和写作方面存在弱项,如长文本阅读能力较弱。这

---

① 历史组课题的研究时间为两个阶段,第一阶段为点状试验期,时间从2000年9月到2013年1月;第二阶段为面状实践期和辐射推广期,时间从2013年9月到2017年9月。

点在历史学科上也有所反映,学生习惯于阅读短文本史料,当教师推荐学生阅读长文本的著作时,学生往往表现出一定的畏难情绪,其中重要原因是害怕书太"厚"读不下去。

2. 学生对"娱乐化"的历史影视、历史小说缺乏一定的辨析、质疑意识,往往脱离历史史实、历史语境去解读文本,缺乏集证辨据的能力

新媒体时代呈现出历史信息的海量特点,但有些信息的真实性有待考证、辨析。学生对"娱乐化"的历史影视、历史小说往往信以为真,以"娱乐化"的历史充实自己对历史的认知和思考。在阅读历史文本的过程中,学生也习惯"碎片化"的短文本阅读,脱离历史语境去理解文本信息,缺乏在阅读过程中的辨析、质疑意识。这不利于学生思辨、质疑能力的培养和提升。

3. 历史教师习惯于运用"片段式"的史料来达到教学的预设性目标,缺乏历史阅读教学的理论指导和实践经验

历史教师在课堂上一般都习惯采用史料教学方法,教师围绕教学内容选择"片段式"的短文本史料来引导学生阅读达到教学目标。虽然"片段式"的短文本能缩短阅读时间,提高课堂效率,但也可能会出现以偏概全,曲解史料"言外之意"的情况。此外,我们曾在全市对253位高中历史教师做过问卷调研,近47%的教师的阅读资源来源于网站,近52%的教师选择片段式"关键词提炼"的阅读方法,超过70%的教师选择在"解读材料时"和"分析试题时"进行阅读方法指导。可见,中学历史老师自身也存在一定程度的"碎片化""应试性"阅读倾向,且缺乏长文本阅读教学的实践和经验。

4. 缺乏历史阅读教学成效的显性评估体系

在问卷调研中,我们发现近45%的教师不对学生阅读提出明确的、有针对性的要求,近50%的教师不进行针对学生阅读的跟踪指导。因此,即便教师推荐学生阅读历史名著,也没有评估阅读

成效的显性评估体系。

正是基于以上问题的发现和思考,我们提出了"指向语境还原的高中历史阅读教学的实践探究"课题,旨在通过高中历史阅读教学的实践,寻找到一条适合高中生深度学习历史的路径和高中历史教师进行历史阅读教学的策略、方式与方法,为高中历史课程改革提供新思路、新举措。

二、解决问题的过程与方法

从 2000 年 9 月起,课题组进行围绕阅读教学的探究,2013 年开始全面实践,主要经历了三个阶段。

1. 点状试验期(2000 年 9 月—2013 年 1 月)

这期间,复旦附中部分历史教师以"人文实验班"为重点,结合教材内容,以推荐阅读书目为主要方式,围绕"中国近代史的几个重要问题"进行主题阅读教学的初步探索,同时组织学生进行"读历史、写家谱"的"做历史"活动,并于 2000 年出版了校刊《学生史学习作专辑》。之后,结合"人文实验班"的游学课程,从华东到华北,在行走的课堂中指导学生阅读中华历史,体悟文明的发展。2013 年 1 月,部分教师在校级层面进行了"人文实验班"教学成果的汇报。

2. 面状实践期(2013 年 1 月—2017 年 6 月)

这期间,笔者成为上海市首届骨干教师团队发展计划历史学科领衔人,带领 5 位教师深度推进历史阅读教学的实践探究。课题组进行了上海市 11 个区 40 所学校 4 850 名学生和 253 名教师的不记名问卷调查,在大样本数据分析基础上,明确了教学实践的主要抓手和远景目标。

(1) 以长文本为主要阅读对象

长文本是指围绕历史名著①、历史影像、历史小说的全文(篇)或其中重要章节(片段)。长文本阅读指向语境还原,重在从时代背景、时空观念、作者阅历等多重视角还原文本的历史语境。其中,教师指导学生关注基于文本的阅读(关键词、关键句、表层信息、深层信息、史料信度、史料效度、作者信息等)、围绕文本的阅读(论题和结论、理由、词语表达、推理逻辑、证据效力、数据真实性、被忽略的信息、结论合理性等)、超越文本的阅读(何人何时何地写的、哪个出版社出版、文本的瞬时效应和长久效应等),进而引发学生思考。在教师辅导之下慢慢减少学生对长文本阅读的畏难情绪。

(2) 以主题阅读的合作探究为主要教学形式

围绕一个历史主题,教师开展合作探究教学实践:在拓展课中建立历史名著、历史影视、历史小说等长文本阅读课程,创建合作主题阅读教学范式。多位教师基于一个阅读主题开设不同阅读载体的阅读课程,或开设同一阅读载体的不同内容的阅读课程,引导学生认识不同类型文本的特点,从史料、史实、史观视角提升学生分析阅读的能力,形成针对史料、史实和史观的反思习惯,并以历史写作方式呈现其集证辨据、诠释评价的能力。

(3) 以建构高中历史阅读课程的体系为远景目标

在基础课、拓展课和研究课等不同类型的课程中创建高中历史阅读教学的分类教法、分层目标、教学流程和教学资源等,形成

---

① 是指既具有广泛的学术影响力,又有一定的可读性的历史专著,并具有以下特征:(1)该领域权威专家所著;(2)学术界公认的权威性和广泛影响力;(3)篇幅适中(一般不超出30万字);(4)对中学生而言具有可读性,文字表述比较通俗易懂,以高中生能够理解,或略高于高中生的阅读能力为准;(5)以中文著作或翻译成中文的著作为主;(6)以叙述重大历史事件、重要历史人物、重要历史专题的著作或对人类历史发展有持久影响的历史文献为主。

一套历史主题阅读教学的课程体系和教学范式。为克服课时紧张、教学内容多的困难，课题组选择高中教材的重要单元进行主题阅读教学的实践，侧重以历史名著的重要章节作为单元阅读文本，通过教师导、学生讲、共同读的形式来突破探究过程中的瓶颈问题。

（4）以历史写作作为高中历史阅读教学成效的显性评估指标

我们将历史阅读和历史写作紧密联系起来，通过"学习共同体"的合作探究，以历史小论文、微视频、历史戏剧等多种形式展示学生阅读历史、书写历史的成果，通过成果折射学生思维能力和思想方法的品质。

3. 辐射推广期（2015年—2017年6月）

课题的研究得到了复旦大学、华东师范大学、上海师范大学、台湾大学、台湾东吴大学等大学历史系的肯定，这些大学的历史学专家进入课堂观摩指导阅读教学；课题组赴台湾做成果交流；课题组撰写的《高中历史阅读与写作概论》、开发的《高中历史阅读与写作教学的方法与流程》微课，已作为学校实践历史主题阅读教学的指导文本，在上海市第三女子中学、同济大学第一附属中学、复旦实验中学、吴淞中学等进行推广和复制。课题组出版《高中生获奖论文集》，集结11所学校27篇优秀习作作为高中生书写历史的范文并附专家点评和辅导。课题组的实践成果，作为上海市中小学（幼儿园）中青年骨干教师团队发展计划优秀成果，在全市范围进行交流汇报。

三、成果的主要内容

1. 形成了指向语境还原的历史阅读课程体系

课题组创设了基础课的单元主题阅读课程、拓展课的合作主题阅读课程和研究课的活动阅读课程。将教材中难度小的课文作简约化处理,腾出时间实施主题阅读教学。历史阅读课程建设包括教学目标上注重阅读与写作结合;教学资源上注重多类型文本的选择;教学环境上强调课堂内外的衔接;教学流程中突出教师导学、学生互学和评估督学。

比如在拓展课里,围绕"历史上的个人与群体:行为、作用和影响"这个主题,3位老师开设历史名著为同一载体的拓展课,分别从伟人、移民和犹太人的视角,认识社会存在决定思想意识,理解民主、法制、自由、平等有不同时代内涵,并逐渐发展、包容。此外,围绕这一主题,1位教师进行历史影视阅读,1位教师以戏剧创作为目标开设拓展课。5位老师合力打造了一个合作主题阅读教学课程。

在基础课里,以华东师大版高中历史教材第四分册为例,我们围绕"革命与社会转型"设计了单元主题阅读教学框架(见表19)。

表19 "革命与社会转型"单元主题阅读教学框架

内容	主题	推荐书目
第一单元:15—16世纪西欧社会的演变	全球视野下欧洲的兴起	伊曼纽尔·沃勒斯坦(美):《现代世界体系》第一卷《16世纪的资本主义农业和欧洲世界经济的起源》部分篇章必读,其他选读。
第二单元:17—18世纪资产阶级革命	政治革命与现代政治的起源	约翰·洛克(英):《政府论》;托克维尔(法):《旧制度与大革命》。
第三单元:工业社会的来临	动力与变迁——工业革命与现代社会的形成	马克斯·韦伯(德):《新教伦理与资本主义精神》(第五章《禁欲主义与资本主义精神》必读,其他选读);桑巴特(德):《奢侈与资本主义》(第二章《城市》必读,其他选读);道格拉斯·诺思(美):《经济史上的结构和变革》(选读)

续 表

内容	主题	推荐书目
第四单元：社会主义运动和马克思主义	模式与路径：社会主义对现代社会的探寻	卡尔·马克思(德)和弗里得里希·恩格斯(德)：《共产党宣言》(必读)
第五单元：资本主义世界体系的形成	"世界"的形成：资本主义从欧洲到全球	卡尔·波兰尼(英)：《大转型：我们时代的政治与经济起源》(选读)；亚当·斯密(英)：《国富论》(选读第四篇《论政治经济学体系》和第五篇《论君主或国家的收入》)

  在具体实施的过程中，课题组注重课堂内外历史阅读时间的把控和整合。如围绕"时代与史家"主题，以高中历史第七分册第五单元为例，教师将《报任安书》《资治通鉴序》和《三十自述》三篇文章作为长文本阅读对象，在讲解司马迁《报任安书》时，将一篇3 444字的文言文分成四个阅读部分，从"司马迁为何不为任安求情？"来回顾司马迁遭受的不幸经历，进而理解汉武帝时代统治特点；从"司马迁如何看待自己的经历？"来分析除了司马迁开阔眼光之外，汉代的稳定和发展为其著述提供了前所未有的空间范围和物质、文献条件；从"司马迁为何反复提及自己的悲痛记忆？"来思考撰写《史记》对于司马迁的特殊意义，懂得秦汉之际的社会转型与文化背景；最后通过"你如何看待史记里的秉笔直书和大胆评价"的讨论，感受司马迁的胆识与"君使臣以礼，臣事君以忠"的文化特征，进而理解司马迁的写史特点，并认识到《史记》所强调的"究天人之际，通古今之变，成一家之言"与司马迁所处之时代密不可分。紧接着在892字的《资治通鉴序》的阅读过程中，学生模仿之前的阅读视角，抓住"作者经历与写作背景""出版时间与内容特点"和"当今之得失的言外之意"等角度去解读序言，最终认识到，对于司马光这样一位学者与官僚于一身的古代士大夫来说，在北

宋中期忧患与改革的时代背景下,如何解决问题、化解矛盾,让本朝长治久安,走出"朝代更替",是他不敢稍有遗忘的大关怀。最后,教师将3408字的梁启超《三十自述》作为课后作业,要求学生回家独立完成阅读,寻找关键词句,提出阅读思考问题,以"你如何看待梁启超的自述"为题撰写阅读后的诠释与评价。教师引导学生从长文本中抓住关键词、关键句,从表层信息解读深层信息,结合作者信息来判断史料信度和效度等,将阅读教学落实到实处。

2. 创建了高中历史阅读课程的教学范式

课题组形成了"主题—阅读—探究—表达"的教学范式。在基础课上,我们选择与教材内容相吻合的主题进行拓展性阅读学习,通过边阅读边思考,达到对文本的透彻理解、深入领悟和融会贯通;而拓展课中,教师将疑问、评论、注解、补充材料等互通,将不同阅读载体的同类内容对比分析,实现将厚书读薄(见图21和图22)。两种课程的教学范式和教学流程如下:

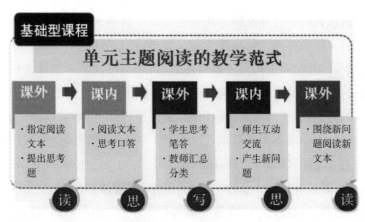

图21　基础型课程教学范式和流程

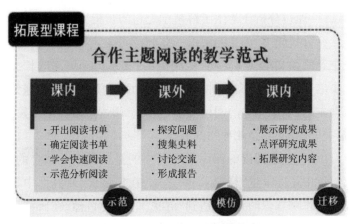

图 22　拓展型课程教学范式和流程

此外,在研究课中,课题组结合学校的菁英计划等课程,通过口述史学、社会调查等方式,形成历史主题活动的阅读与写作课程,如"张掖市历史人文资源的保护与传承""中国近代社会与工业的发展——以江苏曲塘为例""自然地理、历史及社会视野下的西南地区——以贵州、重庆为例"等,通过教师陪伴式、浸润式的指导,学生完成课题研究报告。同时,课题组还组织全市范围的高中生历史人文素养展示活动,定期进行"博学讲坛",邀请史学专家讲解名著和重要历史话题,在阅读名著、撰写读史札记中进一步提升学生的历史阅读技能和写作表达能力。

3. 开拓了一种学生深度学习历史的路径

课题组根据学情和高中历史教学目标要求,参考美国学者的《如何阅读一本书》和《学会提问》,找到了适合高中生深度阅读的技能与方法,开拓了一种基于阅读的深度学习历史的路径。如:在阅读技能方面,我们凝练了"快速阅读"(通过对一本书的序言、一段文字、一个章节、索引的阅读,达到对长文本概要的基本认识)、"分析阅读"(在完成快速阅读的基础上,对长文本的几个章节进行阅读,通过分析让学生了解基于史料的辨析方法,培养集证辨据和诠释分析能力)、"主题阅读"(在分析阅读的基础上,引导学生围绕主题阅读文本载体更多、范围更广、文字内涵更深的长文本,进一步培养学生的历史学科能力)、"活动阅读"(通过行走课堂,结合活动主题,辅助相关的阅读文本,在活动阅读中培养学生发现问题、解决问题的能力)几种阅读形式。

可以说,基于阅读的深度学习历史的路径是多元整合的。在基础阅读中培养学生"释史求通"之感;在拓展课、研究课中,重在形成激发思辨意识的方法,达到"寻史知真"的目标;在研究课里,搭建历史阅读与写作的平台,收获"鉴史厚德"之情。

4. 创新了高中生综合素质评价体系下的学科教学

高中历史主题阅读教学是目前中学历史课程建设中的创新举动,该课程体现了新时期课程的沉浸、对话、互动、体验的特点,也体现了历史学科"知真""求通"的育人价值,符合新高考下综合素质评估体系对学生综合能力培养的要求。为推广这个阅读教学成果,课题组编写了《高中历史阅读与写作概论》,概述了主题阅读课程的构架,展示了"主题—阅读—探究—表达"的阅读教学范式和实施路径,提供了教师实施高中历史主题阅读教学的策略、方法等;课题组还开发了 28 节微课,展示具体的阅读教学流程和课程案例。课题组创建"博学杯"历史人文素养展示平台,至今共有 55 所学校 572 位学生参与历史主题阅读与写作活动,编著了中学生看历史丛书,出版《高中生获奖论文集》,展示历史阅读教学的成效。

四、效果与反思

经过酝酿、调研、实践和反思,课题组的指向语境还原的高中历史阅读教学取得一定成效。

1. 提升了学生长文本阅读的技能和历史写作的能力

参与历史阅读课程的学生平均每人做了5 000字的读书笔记，完成了2篇近6 000字的历史小论文，参加了1—2个课题小组，完成了2次主题展示活动。近50%的学生日均阅读时间从1小时以内变为1小时以上。有学生说：

> 年级一年年升高，阅读反而从一件平常事变成了稀罕事，这一个读书项目的开展，在猝不及防的时候毫不掩饰地向我们敲响了警钟：从什么时候开始，生活被各项任务切割得留不出完整的读书时间呢？晚自习的教室里发生了一些喜人的变化：一大半的人在看除了语数外理化之外的书。——要知道，平时会这么干的只有寥寥数人，而那几个星期里，我坐在教室第一排回头望去，遍布满教室的学霸们终于停止了丧心病狂的刷精编行为，多么令人欣慰！当教室充斥着图书馆的味道，我觉得自己从题海里爬了出来，找到一个可以缓口气的栖所。

复旦附中学生积极参加"博学杯"历史人文素养活动，他们利用每年的暑假和双休日，泡图书馆，进行社会考察，每年撰写的历史研究课题或小论文300多篇，很多学生把历史研究课题的成果作为高考改革背景下高中生综合素质评估体系的一个填报指标，即把历史写作的文本代表其科研水平向高校教师呈现。在每年的高中生历史人文素养展示活动中，复旦附中的学生获奖率基本保持在50%以上。值得一提是，有的学生借助自己的优秀历史论文获得了北京大学、复旦大学自主招生提前录取的资格。

2. 提升了教师专业发展和团队合作能力

课题组为教师提供了进行历史阅读教学的实施范本。如《高中历史阅读与写作概论》《高中历史阅读与写作教学的方法与流程》微课,已作为部分学校实践历史主题阅读教学的指导文本。目前,杨浦区、长宁区、宝山区等部分学校在复制、推广我们的实践成果。与此同时,为进一步开拓思路、提升教师阅读教学的能力,课题组每年邀请近10位历史学专家为全市高中历史教师进行阅读教学的辅导,邀请教育教学专家聆听指导我们的历史阅读教学。在这个过程中,参与实践探究的教师在专业能力方面提升的速度相当快。课题组在1个年级实践基础课的阅读教学,创设了围绕阅读教学的5门拓展课,组织了全市范围的2次历史阅读与写作主题活动,实践成果在全国、市级层面的学科论坛上进行交流。2017年,课题组作为上海市中小学(幼儿园)中青年骨干教师团队发展计划优秀成果在全市范围进行交流汇报,还被台湾东吴大学邀请去做展示。课题组成员围绕阅读教学进行了市区级公开课15节,在市区级刊物上发表论文34篇,获得全国、市区级荣誉12项。有的教师囊括了全国中学历史教学、说课、论文三个比赛的大满贯,有2位教师代表上海在全国千人大会上进行公开教学展示。正如有的教师说:"我这4年的成果比过去10年的成果都来得多!"

教师的专业成长离不开团队的齐心合作。在和而不同,交互共赢、共商共建、众筹分享的原则下,课题组注重专家指导监控+核心成员示范引领+普通成员模仿合作+编外人员配合共进的合作方式,从学科定位、专业视角、教学科研等方面,打造了一支积极参与学科课程改革实践的年轻骨干教师队伍,为上海高中历史学科的开拓发展作出努力和贡献。

3. 为高中生搭建了深度学习历史的互动平台

目前,课题组创建的"博学杯"历史人文素养展示活动,是全上海第一个市级层面的高中生历史阅读写作的主题活动,通过这个平台,一方面让学生进行跨校的学术交流和展示,另一方面也搭建大学与中学的师生互动的平台,尝试高中和大学人文学科的无缝对接,让一些在人文学科方面有天赋和兴趣的学生脱颖而出,而事实也证明了这个平台的有效性。以复旦大学为例,教授们参与"博学杯"历史人文素养活动和"博学讲坛"后,由复旦大学历史系领衔的上海市历史教育教学研究基地给予本课题大力资源和经费支持,密切了高中和大学师生的联系。

当然,在实践过程中我们也遇到了一些困难和瓶颈,如面向历史专业学习的高中历史教学方法,其普遍适用性还有待实证。但我们不忘初心,依然会继续探索以历史阅读与写作为核心的教学新模式,继续完善学生深度学习历史的方式。

本课题由李峻主持,参与者:叶朝良、张敏霞、刘先维、王雯、栾思源

"三为"为本　"三力"为要
——我的为师之道

2021年,我被评为上海市"为人为师为学"重点宣传先进典型。当摄制组人员问我职业生涯最大的感悟是什么,我的回答是"大道至简,'三为'为本,'三力'为要"。"大道至简"是指不忘初心,立德树人,以始为终;"'三为'为本"是以"为人、为学、为师"作为事业奋斗目标,不断修炼自己,成就别人也成就自己;"'三力'为要"是努力提升个人的学习力、判断力、领导力,锤炼自身的坚毅品格并勇于攀登教育的更高境界!

"学习力"是教师职业发展的基石

有人说,"比勤奋学习更重要的是学习力"。哈佛商学院柯比教授认为:"学习力"是学习动力、态度、方法以及创新思维和创造性能力的综合体现。"老师"应是终身学习者的代名词,也是展示"学习力"的示范者。在一个知识飞速迭代的时代,一名历史教师要常怀清零心态,不断更新老化的知识,用新的视角观察问题,创造性地解决问题。

步入中年时我参加了上海市第三期"名教师名校长"培养工程

凤光宇基地学习。那时的我作为校级干部身兼数职,同时也担任一线教学工作。有人问我:"这么忙了,还去基地学习5年,你是为了评特级教师吗?"扪心自问,成为特级教师的确是我的职业追求,但我更看中的是在基地里提升个人的学识和专业素养,拥抱挑战并在实践中创新。我不希望自己躺在已有的专业成果上止步不前,我期待能让我的"学习力"不断提升的学习平台。

在市级骨干教师云集的"双名"基地里,我静心研习史学理论、课程标准、教学设计,开拓阅读视野,提升个人的综合能力,但学习的辛苦是我没有充分预料到的。因为第三期"双名"基地学习时间都安排在星期六,因此,5年,260个休息日变成学习日,还不包括课堂实践和外出交流的学习时间。曾记得有一次我连着2个月没有双休日,真想和导师凤光宇请假休息,但犹豫再三还是咬着牙去参加培训了。因为错过一次学习体验或许就错过了一次醍醐灌顶的机会。当我拖着疲惫的身子赶到基地时,发现住在远郊崇明、金山的学员们早早就坐在课堂里了。刹那间,我感受到"学习力"所包含的学习动力、态度对一个要成为优秀教师的人来说多重要,支撑"学习力"自我提升的一定是个人对目标追求的热情、意志和动力。

在"双名"基地学习的第二年,我遇到了专业上的"三聚头",即代表上海参加全国教学大赛、论文大赛、说课大赛。在准备大赛的过程中,我准备时间最多的是教学比赛。当时参赛的课题是高一年级的《灿烂的文学艺术(唐朝)》。这堂课旨在通过教师示范让学生懂得文学艺术作品作为史料的证史价值,以及能从时代风貌、作者观念、社会反响等路径汲取和整理其中的信息。这堂课的教学立意在8年前是具有挑战性的,即从史学思想和方法维度去帮助学生发现文学艺术作品的证史价值,同时,也赋予旧课题新视角新设计。在磨课的1个多月时间里,一天能睡足5小时已是幸福的事了。记得当时为了寻找唐朝中期有"八字眉毛"的仕女画,我查阅了近100幅可能与八字眉毛相关的绘画作品,阅读了500多首唐诗,为的是说明诗与画可以相互印证。功夫不负有心人,在团队合力助推下,我拿到了大满贯的好成绩,也成为获奖代表在全国中学历史年会上公开授课示范。当超过五百多人的观课教师举起相机拍摄我授课的场景和PPT时,我深刻感悟到"学习力"不仅需要内在动力,而且创新思维和创造性能力也是教师走向优秀的重要基石。

在"双名"基地学习的第二年,我被评为上海市特级教师。但正如我的初衷,来基地学习的最重要目标是提高自己的学术素养和专业技能,在成为特级教师后我产出的专业成果还超越了成为特级教师之前的数量。这或许就是坚毅精神支撑下的"学习力"带给我的进步,让我遇见一个勇于追求更高教育境界的自己。

"判断力"是教师事业精进的关键

判断力,是人的独立人格养成不可或缺的一项能力。塞涅卡曾说过:"幸福的人,往往拥有健全的判断力。"在教书育人的过程中,我们既需要教学、科研、评估等方面的专业判断力,也需要开发个人潜能多元发展的职业判断力,并根据实际情况按下个人发展的快进键,找到个人最佳的发展模式。

"李老师,我现在遇到一个问题,我想听听您的建议。我们领导想让我做行政,但是我自己感觉有点吃不准,感觉自己教学也没站稳,担心两条腿走路走不好。"这是年轻教师经常问我的一个问题。怎样兼顾好专业和职业的发展,做到两条腿同步走路体现自我价值,这也曾是我遇到的困惑。通常,教师的职业发展可以分为三种类型：一类是教学型教师，注重教师的专业教学能力；一类是领导型教师，注重教师的管理领导能力；一类是专家型教师，注重优秀教师成为教育家。三类职业路线的目标定位清晰。但目前中国对三类教师并没有严格的区分和定位。学校一般会从培养复合型人才的视角出发，提供教师行政岗位的"双肩挑"平台，把领导型与教学型、专家型教师的培养目标结合起来。这种复合型教师的培养对年轻教师来说有一定压力，其要兼顾好专业和职业共同进步，需要付出比一般教师更多的休息时间。但经过行政岗位历练后的教师，无论是教育理念还是教研视界一般会高于普通的学科教师。

2014年，我接受学校指派的任务，对复旦附中国际部的IB课程建设、师资配置等办学核心内容进行调研，为学校提供国际部未来办学方向的判断依据。当时的我心里有丝丝抱怨，因为这不是我分管领域的工作，我担心因为这项额外的工作而影响原有的工作节奏。但经过2个月的深入访谈、调研，我没想到这份额外的工作打开了我的课程观的全新视角。近距离接触IB国际课程，看到国际课程"全人教育"理念下个性化育人的亮点，比如强调共情力，主张学习过程中的"探究－行动－反思"，这些都推动我反思本土课程的优势和不足，反思每个担任不同角色的老师需要思考的问题：

> 一所学校的校长应该有前瞻而全面的视野，面对社会媒体带有功利性的评价，如何在教育变革浪潮中保持应有的定力和清晰的判断力，做一个麦田的守望者？
> 一所学校的骨干力量如何拥有课程领导力，如何用饱满的激情和坚韧的耐力来带领教师探索指向全人教育理念的课程体系？

教师如何去聚焦真实学习的发生，深度探索个性化教学，让学生学会学习并让学习成果看得见？

这三个问题日后成为我不断探索并努力尝试去解决的问题。

2014年，我成为上海市中小（幼）中青年骨干教师团队发展计划历史学科的领衔人；2018年，我成为上海市第四期"名教师名校长"培养基地攻关计划主持人。无论是"发展计划"还是"攻关计划"，都是主持人以课题探究的方式来带动历史教师的专业成长。我主持的两个课题分别是《历史学科教学模式转换：以阅读与写作为中心的建构》和《核心素养视域下的历史学科判断力培养》，课题的研究成果分别荣获2017年上海市基础教育教学成果一等奖、2021年上海市教育科研成果一等奖。当同行问我，为什么我主持的市区级课题都能取得优异成果，我的回答是：一个好课题最关键的是发现一个好问题。基于国际课程的调研，增强了我对基础教育"全人发展"培养趋势的认知，我对选题的直觉判断是：只要指向学生核心素养培养的课题，只要解决一线教师教学难点的课题，一定有其生命力和价值。因此，我主持的两个课题都基于学科从全人发展的视角出发，立足"思维、探究、表达"的主题式教学，注重在真实情境下学生发现问题、解决问题能力的培养。课题重点实践了指向语境还原的高中历史阅读教学和以判断力培养为指向的单元教学设计，形成了"基于文本阅读－围绕文本阅读－超越文本阅读"的阅读教学策略，以及主题式跨单元教学的"确定大概念－筛选大主题－重组单元内容－形成问题链－探究真问题－设计评估方案"六步教学流程。这些成果为教师提供了可操作的育人方式变革的实践路径。虽然课题聚焦的是教学模式创新，但实质指向改变教学方式来推动学生学习方式的变革。这些探究成果被专家认为是基础教育领域"上海经验"的重要组成部分，体现了团队成员在教育改革中的创新精神，更体现了基地成员"学习力"的不断提升。行政岗位带来的育人全视域，使个人更加敏锐地判断学科发展的关键问题、前瞻性问题，推动我在这些问题领域进行深度探索并获得事半功倍的专业成效。对专业问题的精准判断，让我主持的科研课题成果具有实践价值，既折射了时代深度、满足了推进课改的需求，也让一线教师找到创新育人方式的有效路径。以2014年课题研究为例，基地成员在3年里发表论文36篇，获得全国、市区级50个奖项。这几年带队培养年轻人的经历让我更加深刻认识到"教、学、研"一定是一体的关联体，扎实开展"教、学、研"工作，最后获益群体一定是我们的学生和老师。

"领导力"是教师格局之大的体现

这里的领导力是指教师课程领导力，主要包括课程设计力、课程决策力、课程执行力和课程评价力。某种程度上讲，教师课程领导力是推动当下"双新"课程改革走向深度实践的关键。课程改革需要教师宏观把控课程目标，微观引领与创新育人方式，实现不同课程的"纵向贯通"与"横向连结"，实现不同学科之间的跨学科教学探索。教师不仅是教"书"匠，更应该是课程的设计师。我在培养年轻教师的过程中，非常关注通过科研路径来提升教师课程领导力，引导教师从专注于课堂教学的设计走向课程的设计、决策、管理与评价，鼓励教师进行历史跨学科教学，通过主题引领打通不同课程之间的横向连结。在这过程中，要求教师不仅要深度认知《普通高中历史课程标准》，还要深度理解《普通高中课程方案》的指导思想和基本原则，只有这样才能真正理解"目—课—单元""必修—选择性必修—选修课"之间的关联与价值，进而从课程观、育人观的视角进行教学方式的创新实践。

　　2018年初教育部颁布的普通高中各学科课程标准中强调"重视以学科大概念为核心,使学科内容结构化"。学科大概念,实际上是学科的核心要义和引领性主题。早在2014年我就尝试围绕"主题"的概念教学,并进行不同类型课程的主题教学设计。比如,教师可以通过杰出人物的作用和影响,普通百姓的行为和后果,加深学生理解"历史上的个人价值取决于他的智慧、意志和社会贡献"这个概念性观点。为此,我以"历史上的个人与群体:行为和后果"为主题,在必修课中选择与"战争"这个大概念相关内容进行阅读教学。比如,在学习第二次世界大战这个主题过程中,我选择了马克布洛克的《奇怪的战争》,围绕"论题和结论是什么？理由是什么？哪些词语意思不明确？推理过程中有没有错误？证据的效力如何？有没有替代的原因？数据有没有欺骗性？有什么重要信息被省略了？能得出哪些合理的结论？"引导学生用历史思维方式去解读文本,帮助学生理解历史是许多单个意志相互作用的结果,无数互相交替的力量和力的平行四边形决定其演变和发展。同时,我和同行合作设计选修课,和学生一起精读"智慧之光:思想者与启蒙运动(以《政府论》为视角)""追梦之路:移民与移民国(以《美国种族简史》为视角)""平庸之恶:二战反犹运动(以《他们以为他们是自由的：1933—1945年间的德国人》《反抗"平庸之恶"》为视角)",并结合相关主题的影视作品,引导学生合作探究,用多种写作方式(小论文、历史剧、主题图片展等)展现与主题相关的研究成果。此外,我带领教师进行拓展课的延伸,联合复旦大学历史系进行了全市范围的"博学杯"历史人文素养展示活动,以"历史上的战争:缘起与影响"为主题,让学生从"缘起"的视角聚焦第二次世界大战的爆发,聚焦人类历史上诸多战争爆发的共性;从"影响"的视角聚焦战争对人类文明发展历程的影响,关注战争中某些重大历史事件对人类社会道德观、价值观等影响。通过这些课程的贯通连结,青年教师切实感受到概念如何在不同课程中进行主题设计和教学,课程领导力得到培养。

2018年,我带领青年教师又开始了"大概念"引领下的主题式跨单元教学实践,即围绕"大概念"选择一个能够整合跨单元内容的核心论题或观点而展开的教学。教师以大概念为切入点,通过多维度解读大概念的视角来提炼"主题",建构"单元群",设计"真问题",形成"问题链"。跨单元主题是"点",与之相关的散布于不同单元的内容是"面","问题链"则是"线"。教师围绕主题这个"点",引领学生用"问题链"这根"线",在解决问题的过程中重新建构知识体系。这不仅是"以点带面",让学生学会知识,更是在习得史学思想方法、完善历史学习方式的过程中尝试运用知识来解决问题,从"知识获取"走向"问题解决",推动学生学习从课堂走向课外、从学校走向社会、从书本走向生活,在问题解决中实现从知识本位走向素养本位的价值旨归。

在必修课进行教学模式创新探索的同时,我带领青年老师进行了大概念视域下的跨学科教学尝试,基于选修课引导学生深度学习。在近2年的时间里,我们以"时间、地域和空间"为跨学科的大概念,旨在通过时间、地域和空间内在的联系,通过项目式学习方式,引导学生理解人、物体和思想观点的绝对或者相对位置,理解"时间、地域和空间"如何建立和利用我们对方位的理解,即理解"何处""何时"。我们开设了与政治、艺术相结合的历史跨学科选修课"现代都市中非遗文化的传承与传播"。教师基于真实情境开展教学活动,为学生深入了解和探索非遗文化提供平台和资源,同时以问题为导向,引导学生调动自身知识、能力、品质,在充分挖掘非遗文化历史内涵与当代价值的基础上,结合自身兴趣,以小组为单位设计并完善一份具有可行性与创新性的文化宣传方案,为传承与弘扬中华优秀传统文化出谋划策,帮助某一非遗文化活下去、火起来。在项目推进过程中,学生认识到非物质文化遗产根植于特定的人文和自然环境,蕴含着当地民众特有的理念、气度、神韵、情感和智慧,构成城市独特的历史记忆、文化基因和精神品味。随着现代都市的快速发展,承载农耕文明记忆的非物质文化遗产,正面临生存和传承困境,当代人需要用新理念、新技术去传承中华优秀传统文化。这个课程设计为教学和学习提供更加具体的全球视野,鼓励学生共同承担守护中华优秀传统文化的责任。课程设计也渗透着历史学科所强调的时空定位、个人表达与文化表达、时代特征与认同关系、科学与技术创新等。此外,我们还开设了高中选修课"历史上的判断与决策",这个课程基于跨学科的大概念"变化"与"逻辑",聚焦重大历史事件,分析事件背后的决策判断是如何形成的?哪些因素会影响重要历史人物对重大历史事件的判断与决策?如何对历史上重要人物和观点进行评析和判断?从历史学科的视角去审视、辨析史料的信度与效度,用符合逻辑的推理方法对信息、观点进行事实判断或价值判断,把个人所学的知识迁移到新的不同情景中去创造性地解决问题,以培养学生有足够能力去面对当前的社会变革和未来发展的不确定性。

  这些原创选修课提升了教师课程领导力,尤其是在课程决策、评价、管理等方面的能力。在授课的过程中,教师有意识地进行不同学科、不同学校、不同社区的资源配置,课程领导力的提升带来了专业上的突飞猛进。2014—2021年,复旦附中7位历史教师主编参编8本著作,获区级以上教育教学奖项29项,在国家及省市级学术刊物上发表论文49篇,其中有3篇文章被人大复印报刊资料转载。

  学习力、判断力和领导力是推动我职业发展并支撑我不断向前的综合能力,"三力"的背后需要不断磨炼自身的坚毅精神。"浮于表面都是风光,沉下心来自有答案。"我非常喜欢非洲一段谚语,也经常和学生分享:在非洲,瞪羚每天早上醒来时,知道自己必须跑得比最快的狮子还快,否则就会被吃掉;狮子每天早上醒来时,知道自己必须超过跑得最慢的瞪羚,否则就会被饿死。不管你是狮子还是瞪羚,当太阳升起时,你最好开始奔跑。

原文发表于《中学历史教学参考》(上半月·综合)2022年第8期

后 记
HOU JI

《为求通而学 为思维而教》一书中的文章,是我近些年的部分教育教学札记。这些教育教学札记除了聚焦课堂教学外,更主要的是从学科课程视角、从教育大计视角来思考"育人之道"。这里的"育人"对象不仅指向学生,也指向教师这一层面,教师也是教育教学中需要不断培育的群体;这里的"之道"不仅是"双新"课程改革背景下的学科创新改革之道,也是基于后疫情时代面向信息化的课程建设应时之道。思考这些"育人之道"源于我近年来党政管理岗位的变化。2017 年,我开始分管复旦大学附属国际部,这是一所 1—12 年级全学段的公立外籍人员子女学校,在建构"尊重国际标准,凸显中国特色,融入复旦元素"的国际课程体系中,我深度了解了国际课程 IBDP 的教学理念和课程标准,对比国家课程的新标准、新教材,我在两个课程体系的深度学习与实践应用中有了些许新思考、新做法。这些新思考和新做法不仅指向学科领域的探究,也包括探究教师专业发展的有效路径,以及面向未来的深度学习的策略和方法等。

就我个人而言,这些年的探索最值得回味的两件事,一是带领团队去攻关市级课题《历史学科中培养学生判断力的实践研究》,这个课题的探究目标是聚焦高中学生的判断力,落实核心素养的培养；二是带领国际部的教师探索国际课程体系的优化。

  为什么要聚焦判断力来落实核心素养的培养呢？这是因为从历史学科视角来看，判断力包含了事实判断和价值判断。事实判断是时空观念、史料实证这些历史核心素养的综合体现，价值判断是唯物史观、家国情怀、历史解释这些核心素养内化为品格的外在体现。尤其在当下，信息碎片化的时代，信息的"茧房"现象更需要学生在真实情境、历史语境中，对解决历史、现实甚至未来的问题有着正确的辨析、判断和决策能力。因此，判断力是检视历史学科核心素养的培养是否有成效的重要视角之一。在实践探索中，我们创建了主题式"跨单元"教学模式，从"大概念—多主题—跨单元"视角合理整合教学内容，形成了教学流程的六步法，即选择大概念、筛选大主题、确定单元群、形成问题链、探究真问题、设计评估方案。在教学中，我们注重问题式的教学方法，努力把教学变成师生共同探究的过程，在学生解锁问题链的过程中，我们不仅关注学生"学会什么"，更关注学生"如何学会"的学习方式。无论是编制重大事件的时间轴还是撰写长文本阅读报告，都力图让学生的思维被看见，让核心素养的落地有迹可循。团队成员在"共学-共研-共进"中，形成了学生可视化作品近50项，部分成果纳入了教育部推广的研修项目，攻关课题的成果获得了2021年上海市教育科研成果一等奖。在这个聚焦国家课程的课题研究过程中，我吸收了国际课程中的深度学习、PBL项目学习等设计理念，深刻感受到，教师的专业发展一定要不断吸收先进的教学理念和方法，教师的终身学习意识和学会学习的能力，需要不断提升和修炼。

  由此，在建构国际部教师队伍方面，我也有意识进行基于国际视野的跨学科教学尝试。尤其当下，义务教育阶段对项目化学习的探究热情，也推动了高中阶段的深度学习，虽然大部分教师还在实践新教材，但已有部分老师在新教法上开始了零的突破。无论是国际部的教师还是我主持的上海市双名基地和杨浦区名师工作室的老师们,都进行了指向深度学习的历史教学探索,重点从体验式学习、判断力训练、价值观培育等视角展开项目式的选修课。我们开设选修课"历史的镜像",从历史学科的视角去审视,判断力体现在,个人能够借助可信的史料,用符合逻辑的推理方法对信息、观点进行事实判断或价值判断,把个人所学的知识迁移到新的不同情景中去创造性地解决问题。从"知识获取"走向"问题解决",推动学生的学习从课堂走向课外,从学校走向社会,从书本走向生活。通过"真问题"的设计,让学生感受沉浸式的学习体验,回到历史语境去回望历史上重大历史事件背后的决策判断是如何形成的,哪些因素会影响重要历史人物对重大历史事件的判断与决策,如何对历史上重要人物和观点进行评析和判断等,让学生在走进历史的茫茫史料中,揭开历史的迷雾,走近历史的真相。这门选修课一经开设,成为学生口碑中的好课。这也坚定了我要坚守"为求真而学,为思维而教"的理念。在教学的摸索过程中,我也更深刻体会到,教师的专业发展不仅需要专业技能,更需要具有国际视野和宽广的格局。一名优秀教师不仅要专业技能硬朗,还需要有课程领导力和课程执行力,而这些能力的习得一定源于教师持续不断的内驱力。

在带领团队走向专业更高高地的过程中,我想起自己在 2017 年上海市第三期名校长名教师培养基地的经历,想起我在全市"双名"工程结业典礼上的发言:5 年,260 个休息日变成学习日,还不包括课堂实践和外出交流。记得有一个阶段,学校工作、基地学习、团队活动完全叠加,我每天最多只睡 5 个小时,连着 2 个月没有双休日,我清晰记得好几次想提起电话向基地主持人凤光宇老师请假,能否请半天假让我补个觉,可最终我还是没有打出这通电话,因为基地的学习太具吸引力了。"历史名著的导读与交流""如何培养学生像历史学家一样思维""历史教学有效性的哲学思考"这些主题直击我的心灵,我很想从专家的经验和智慧中知道,名师何以为"名"?"名"又何以修炼成"特"。错过一次学习或许就错过了一次醍醐灌顶的机会。于是,一次次拿起的电话又放下了。当我拖着疲惫的身子赶到基地,我发现远在崇明、金山的学员们早早就坐好了,现在想想,我放下的不仅是一个借口,还有一个把教书作为职业的自己。与此同时,我发现了另一个可以把职业当作事业来做的自己,一个可以忘我去追求教育最高境界的自己,这或许是我在其他培训活动中找不到的感觉,这也是我们基地与众不同的地方。通过5年的学习实践,我形成了自己的教学风格,即重思维、重方法和重情感,也明确了自己的教学理念,那就是为求通而学,为思维而教。在这里我找到了志趣相投的前辈和朋友,在这里我见证了自己修炼成长的每一步。这段经历一直成为我引导我的学员不断努力的真实故事,我期待年轻的老师们能够在新一轮教育改革的征途中成为更好的自己。

感谢复旦大学历史系李宏图教授拨冗为本书作序,李教授是我和我的团队专业成长的陪伴者、指导者、见证者,更是我学术上的引路人和高山仰止的前辈,很幸运能得到李教授源源不断的学术给养和智慧点拨,在此更加确信,一个人可以走得很快,但一群人可以走得更远!此外,也要感谢这几年给我工作上极大支持的家人,感谢你们无私付出,给我更多时间用于思考和探索。

李　峻
2022年2月6日于家中

图书在版编目(CIP)数据

为求通而学 为思维而教/李峻著.—上海:复旦大学出版社,2022.8
ISBN 978-7-309-16197-7

Ⅰ.①为… Ⅱ.①李… Ⅲ.①中学教育-教育研究 Ⅳ.①G632.0

中国版本图书馆 CIP 数据核字(2022)第 093652 号

为求通而学 为思维而教
李 峻 著
责任编辑/黄 丹

复旦大学出版社有限公司出版发行
上海市国权路 579 号 邮编:200433
网址:fupnet@fudanpress.com http://www.fudanpress.com
门市零售:86-21-65102580 团体订购:86-21-65104505
出版部电话:86-21-65642845
上海四维数字图文有限公司

开本 890×1240 1/32 印张 9.125 字数 221 千
2022 年 8 月第 1 版
2022 年 8 月第 1 版第 1 次印刷

ISBN 978-7-309-16197-7/G·2367
定价:58.00 元

如有印装质量问题,请向复旦大学出版社有限公司出版部调换。
版权所有 侵权必究